날마다 하나님의 문자 메시지를 받는 법

굿데이 사랑

큐티 사랑

지은이 | 이기훈
초판 발행 | 2007. 9. 10
개정 1쇄 | 2023. 12. 6
등록번호 | 제1988-000080호
등록된 곳 | 서울특별시 용산구 서빙고로65길 38
발행처 | 사단법인 두란노서원
영업부 | 2078-3352   FAX | 080-749-3705
출판부 | 2078-3331

책 값은 뒤표지에 있습니다.
ISBN 978-89-531-4768-3   03230

독자의 의견을 기다립니다.
tpress@duranno.com   http://www.duranno.com

두란노서원은 바울 사도가 3차 전도여행 때 에베소에서 성령 받은 제자들을 따로 세워 하나님의 말씀으로 양육하던 장소입니다. 사도행전 19장 8-20절의 정신에 따라 첫째 목회자를 돕는 사역과 평신도를 훈련시키는 사역, 둘째 세계선교(TIM)와 문서선교(단행본·잡지) 사역, 셋째 예수문화 및 경배와 찬양 사역, 그리고 가정·상담 사역 등을 감당하고 있습니다. 1980년 12월 22일에 창립된 두란노서원은 주님 오실 때까지 이 사역들을 계속할 것입니다.

날마다 하나님의 문자 메시지를 받는 법

큐티 사랑

이기훈 지음

두란노

CONTENTS

가장 귀한 선물

30여 년 전 대학교 1학년 여름방학, 선배를 따라간 어느 선교단체 여름 수련회에서 나는 두 가지 선물을 받았습니다. 하나님은 나에게 평생 잊을 수 없는, 그리고 일생을 살아가면서 필요한 선물을 주셨습니다. 그 중 하나는 '구원 선물'이었습니다. 예수님은 나를 인격적으로 만나 주셨고 나는 그분을 구주로 영접했습니다. 뿐만 아니라 성령 체험도 하게 해 주셨습니다. 지금도 나는 그때를 생각하면 가슴이 떨립니다. 감당할 수 없이 부어 주셨던 사랑과 주체할 수 없었던 구원의 기쁨 그리고 온몸과 마음을 뜨겁게 해 주었던 성령의 임재는 평생 잊을 수 없습니다. 구원의 확신은 내 생애의 최고 선물입니다.

또 하나는 '큐티 선물'입니다. 그때까지 나는 성경을 막연히 읽기만 했을 뿐 묵상하는 방법을 전혀 몰랐습니다. 말씀을 가지고 하나님과 교제한다는 것도 몰랐습니다. 그런데 그 모임에서 간략하게나마 큐티를 소개받았습니다. 그러나 그것이 내게는 너무 소중한 선물이었습니다. 큐티는 내가 그리스도인으로서 세상을 살아가는 방법과 하나님을 위해서 사역하는 방법을 가르쳐 준 결정적인 도구가 되었기 때문입니다. 그때부터 큐티는 내 삶의 일부였습니다. 큐티하는 시간이 가장 행복했습니다. 책상 위에 말씀을 펴놓고 주님과 교제하는 시간은 항상 기쁨을 누리는 기회였습니다. 오늘은 무엇을 말씀해 주실까? 그 말씀을 가지고 어떻게 하루를 살까? 그때 나는 어린 대학생이었지만 늘 두 가지 질문을 스스로에게 던지면서 말씀을 대했습니다. 그때 이후 지금까지 큐티하는 삶은 정말 행복한 삶이었습니다.

선교지에서 큐티하는 시간은 하나님의 세미한 음성까지 들을 수 있는 고감도 큐티였습니다. 서울에서 정신없이 사역하면서 살던 나에게 선교지는 축복의 땅이었습니다. 비록 상황과 여건은 말로 할 수 없이 어려웠지만 그런 상황이 오히려 하나님만 바라보며 깊이 있는 묵상을 할 수 있게 해 주었습니다. 고난 속에서의 묵상은 서울에서 하던 묵상보다 훨씬 깊이가 있었고 보이고 들리는 것이 많았습니다. 나는 그것들을 놓치지 않고 메모했습니다. 그리고 그것들을 기초로 해 성경공부 교재를 만들어 가기 시작했습니다. 그것으로 성도들에게 성경을 가르쳤고 더 나아가 그 나라어로 번역해 목회자들을 가르쳤습니다. 성령님은 이 교재를 가지고 그 땅에서 놀라운 일을 행하셨습니다.

서울에 돌아와 큐티 사역을 시작했습니다. 두란노 천만큐티운동본부장을 맡아 큐티를 온 세상에 알리는 사역을 했습니다. 그리고 남양주 온누리교회를 개척하면서 새벽기도회 때마다 성도들과 함께 묵상했습니다. 나는 그들보다 일주일 앞서서 묵상을 해야 했습니다. 하나님이 나에게 먼저 깨닫게 해 주시고 보여 주신 말씀 때문에 기쁨을 감추지 못한 시간들이 많았습니다. 그들도 나와 같은 본문을 가지고 하나님의 음성을 들을 것을 생각하면 기쁨이 두 배가 되었습니다. 그리고 성도들에게 내가 묵상한 내용을 나누고 싶어서 월요 큐티 집회와 새벽기도회를 흥분하면서 기다린 적이 많았습니다. 큐티는 나에게 기쁨과 행복을 주는 흥분제와 같습니다. 나는 두 가지를 자신 있게 보장할 수 있습니다. 큐티하는 삶은 행복합니다. 묵상하는 삶에는 경건의 능력이 있습니다.

인생을 축제로 만드는 큐티

책은 책을 쓴 사람의 인생이다. 글에는 작가의 생각과 언어와 성품이 그대로 묻어난다. 그렇기 때문에 이기훈 목사님의 『큐티 사랑』은 감칠맛 나는 책일 것이라고 확신한다. 나는 거친 듯하면서도 따뜻한 마음, 주님을 사랑하고 말씀을 사랑하는 이기훈 목사님 특유의 뚝배기 영성을 몹시도 사랑하는 팬 중에 한 사람이다. 이기훈 목사님은 말씀을 제대로 묵상하고 적용할 때 인격이 바뀌고, 인생이 축제가 된다는 것을 자신의 삶으로 보여 주고 있는 사람이다. 좋은 책을 추천하게 되어 내 마음 또한 즐겁다.

한홍 목사

온누리교회 양재 캠퍼스 담당
횃불트리니티 리더십센터 원장

큐티, 하나님 얼굴의 미소

막내아들인 희원이가 중학교 1학년을 마칠 즈음 미국으로 유학을 보냈다. 익숙지 않은 영어를 사용하며 미국 생활에 적응하는 것은 무척이나 힘들었을 것이다. 사춘기 때는 안쓰러울 만큼 괴로워했고 떠나 보낸 부모로서 그 모습을 바라보는 것도 엄청난 고통이었다.

그때 하나님이 알게 해 주신 방법이 아들과 함께하는 큐티였다. 3년 동안 매일 팩스로 큐티를 나누는 가운데 아들이 회복되며 다시금 일어서는 것을 보았다. 피할 수 없는 고통과 아픔 가운데에서 새어 나오는 신음도 있었지만, 큐티는 아들과 나에게 하나님을 함께 만나는 은밀한 장소가 되었고, 우리를 향하신 사랑과 무한한 축복, 그리고 구체적인 인도하심을 체험하는 길을 열어 주었다.

나는 이기훈 목사님이 전도사였던 때부터 교제를 나누고 있다. 온누리교회의 교역자, C국에서의 선교사, 그리고 다시 돌아와 열심으로 남양주 비전교회를 섬기다가 호주에서 사역하는 지금까지 이기훈 목사님을 굳게 붙잡아 주었던 배경은 바로 큐티 사역이었다.

목마른 자들에게는 마르지 않는 생수로, 병든 자들에게는 넘치는 치유의 기쁨으로, 혼돈 가운데에서 방황하는 자들에게는 영적인 지혜로, 꿈을 잃은 자들에게는 계속 전개되는 소망으로 큐티가 늘 자리하도록 열정적인 사역을 펼쳐 오셨던 것이다.

『큐티 사랑』은 이기훈 목사님의 오랜 큐티 사역을 소담하게 담은 것으로, 우리가 진정으로 찾고 있었던 행복을 알게 해 줄 것이다.

이 책을 통해 하나님의 얼굴에 행복한 미소가 가득 번지는 아름다운 열매가 이 땅에 많이 맺히길 바란다.

윤형주

가수, 방송연예인
두란노 아버지학교운동본부 이사

두 가지 행복

큐티는 하나님의 음성을 들을 줄 아는 훈련을 시켜 준다. 큐티는 하나님의 비전이
무엇인지 볼 줄 아는 눈을 뜨게 해 준다. 큐티는 영적 분별력을 갖도록 훈련시켜 준다.
큐티는 나의 생각과 마음과 계획을 지속적으로 하나님께 맞추어 가는 훈련을 시켜 준다.
큐티는 하나님 나라 백성들이 사는 방법을 계속 가르쳐 준다.

예수 믿는 사람들이 행복하게 살아야 세상이 변할 수
있다. 그리스도인들의 행복한 삶은 구원의 통로가 될
수 있고 동시에 최고의 전도 방법이 될 수 있다. 행복
은 보고 느끼며 표현하는 것이다. 당신이 만나는 사람
들 또는 가까이하는 사람들은 예수님 때문에 얻은 당
신 내면의 행복을 볼 것이다. 누구든지 당신을 찾아와
행복해 보인다고 말하면 당신은 한마디로 대답하면
된다. "예수님 때문에 행복합니다". 이것 이상 효과적
인 전도 방법이 또 있겠는가?

큐티하면
행복합니다

그리스도인들의 행복한 삶은 구원의 통로가 될 수 있고
동시에 최고의 전도 방법이 될 수 있다.
행복은 보이고 느끼며 표현하는 것이다.

예수님이 주시는 행복

누구든지 예수님 믿고 구원을 얻은 사람이라면 세상 사는 것이 행복해야 한다. 왜냐하면 믿기 전에는 죄가 가져다준 본성과 죄가 만들어 놓은 환경과 죄가 짊어 준 삶의 짐 때문에 불행하게 살았기 때문이다. 죄는 하나님이 인간에게 주신 좋은 것들을 모두 빼앗아가고 대신 온갖 나쁜 것들을 가져다주었다. 그래서 세상은 행복하게 사는 사람들보다 불행하게 사는 사람들이 많다. 사람들은 불행에서 탈출하기 위해 애를 써 보지만 이내 또 다른 불행을 겪으면서 살 수밖에 없다.

그러나 예수님 믿으면 그 잃어버린 행복을 되찾을 수 있다. 왜냐하면 죄가 빼앗아가 버린, 하나님이 주셨던 좋은 선물들을 예수님이 되찾아 주셨기 때문이다. 예수님은 우리의 죄 문제만 해결해 주신 것이 아니라 죄가 가져다주었던 모든 불행으로부터도 구원해 주셨다(마 8:17). 그래서 예수님 믿으면 행복하게 살아야 한다. 많은 그리스도인들 중에는 자신의 환경과 삶의 조건이 부족하기 때문에 불행하다고 생각한다. 가난 때문에 불행하다고 생각하는 사람이 많다. 그렇지만 세상에는 불행하게 사는 부자들도 많다는 것을 알아야 한다. 어떤 이들은 몸이 건강하지 않아 불행하다고 생각한다. 그러나 건강한 사람 중에도 불행하게 사는 사람들이 많다.

우리가 분명히 알아야 할 것은 불행의 원인은 자신이 기대하는 불충분한 조건에 있는 것이 아니다. 인간 행복의 최고 조건은 바로 예수 그리스도이시다. 그리스도인들은 어느 상황과 환경에 처해 있을지라도 예수님이라는 행복 조건을 가지고 있기 때문에 행복해야 한다. 우리가 부와 가난, 건강과 질병, 높음과 낮음, 형통과 불형통 등 어느 상황에 처해 있을지라도 행복과 불행의 조건은 예수님께 있음을 기억해야 한다. 그러나 예수님을 믿는다고 하루아침에 불행의 조건들이 사라지는 것은 아니다. 그 환경에 지배되어 불행하게 살던 나 자신이 변하는 것이다. 환경에 눌려 살지 않고 오히려 믿음으로 불행을 이기면서 살게 된다. 행복은 주어지는 것이 아니라 믿음으로 찾고 만들어 가는 것이다.

예수님 믿는 사람들이 행복하게 살아야 세상은 변할 수 있다. 교인들이 행복하게 살아야 불행하게 사는 세상 사람들이 교회를 찾아올 수 있다. 예수님을 믿으면서도 불행하게 산다면 세상에 어떤 불행한 사람들이 예수님을 믿겠다고 교회를 찾아오겠는가? 다시 한 번 강조한다. 예수님 믿는 사람들은 행복하게 살아야 한다. 그리스도인들의 행복한 삶은 구원의 통로가 될 수 있고 동시에 최고의 전도 방법이 될 수 있다. 행복은 보고 느끼며 표현하는 것이다. 당신이 만나는 사람들 또는 가까이하는 사람들은 예수님 때문에 얻은 당신 내면의 행복을 볼 것이다. 누구든지 당신을 찾아와 행복해 보인다고 말하면 당신은 한마디로 대답하면 된다. "예수님 때문에 행복합니다." 이보다 효과적인 전도 방법이 또 있겠는가?

일본에 있는 교회에 집회를 하러 여러 차례 간 적이 있다. 그런데 갈 때마다 느낀 것은 하나님을 믿는 사람들이 행복해 보이지 않는다는 것이었다. 그 이유를 물었더니 행복하기 어려운 사회 구조적인 문제도 있지만 그보다 더 큰 이유는 율법적인 신앙을 가진 것이었다. 세상에서는 자유분방하게 살던 사람들이 교회 안에만 들어오면 율법 때문에 늘 죄인이라는 의식에 눌려 살고 있었다. 그들은 그리스도인의 상징인 기쁨과 평강, 자유함이 무엇인지 모르고 있었다. 그러니 누가 예수님을 믿겠는가? 복음 안에서 누리는 자유와 행복이 없는데 누가 교회를 찾겠는가? 그러므로 이유를 불문하고 예수님 믿으면 행복해야 한다. 결혼한 자녀들이 행복하게 사는 것이 부모에게 효도하는 방법인 것처럼 그리스도인이 예수님 때문에 행복하게 사는 것은 하나님을 영화롭게 해 드리는 최고의 방법이다. 하나님은 우리의 신앙뿐 아니라 행복한 삶을 통해서도 영광받길 원하신다.

큐티가 주는 행복

큐티하면 행복한 이유는 하나님과 인격적인 만남을 가질 수 있기 때문이다. 그리스도인이 하나님을 인격적으로 만나는 것보다 행복한 일은 없다. 이것은 사랑하는 연인들의 달콤한 만남 그 이상이다. 예수님이 가져다주신 행복을 계속 유지하면서 사는 방법은 말씀을 통해서 그분을 인격적으로 만나는 것이다. 그리스도인의 행복은 하나님과의 만남에서 나온다. 그리고 그 만남의 장소는 곧 성경말씀이다. 우리는 성경을 단지 읽는다는 생각으로 접하지만, 엄밀히 말하면 기록된 말씀을 통해서 하나님을 만나는 것이다. 하나님은 말씀으로 우리를 만나 주신다. 그리고 만나 주실 준비가 늘 되어 있다. 문제는 우리에게 있다. 하나님은 공동체적으로 우리를 만나시기도 하지만 당신의 형상을 따라 만드시고 피값을 치르시고 구원해 내신 우리와 개인적으로 만나기를 더 원하신다. 큐티를 통해서 그분을 만나보라. 얼마나 인격적으로 나를 다루시고 계시는지 알게 될 것이다. 나를 소중히 여기시고, 나를 조심스럽게 대하시며, 나에 대해 관심이 많으시다는 것을 알게 될 것이다. 더 나아가 세상에서 주님보다 나를 사랑하고 있는 존재가 없다는 것을 알게 될 것이다.

큐티하면 행복한 이유는 주님과 좋은 관계를 유지할 수 있기 때문이다. 신앙생활이란 주님과의 관계다. 신앙생활은 부부생활과 비슷한 면이 많다. 남녀가 결혼하면 남자는 남편으로서 아내의 머리 위치에 있게 되고 여자는 아내로서 남편에게 순종하는 자리에 서게 된다. 이 자리가 흔들리면 관계도 깨어진다. 관계의 깨어짐은 곧 불행의 원인이 된다. 예수님을 믿고 구원을 얻으면 그분은 남편의 자리에 계시고 우리는 순종하는 아내의 자리에 있게 된다. 이 자리가 지켜지면 기본적으로 좋은 관계를 유지할 수 있다. 큐티는 자신의 자리를 지켜 준다.

그러나 더 행복한 관계를 위해서는 대화가 중요하다. 서투른 대화와 미성숙한 의사소통은 언제나 부부관계의 장애물이 된다. 그러나 성숙하고 지속적인 대화는 늘 행복을 만들어 준다. 대화의 수준이 행복의 수준이라고 말할 수도 있다. 주님과의 관계도 마찬가지다. 큐티는 우리에게 주님과 좋은 대화를 나눌 수 있는 자리를 만들어 준다. 주님과의 대화 수준이 곧 관계의 수준이요, 예수님 때문에 얻는 행복의 수준이 된다. 큐티는 주님과 성숙한 관계를 갖게 해 주는 좋은 통로다. 대화 없이 사는 부부가 불행한 세상을 살고 있다고 느끼는 것처럼 주님과 대화 없이 사는 그리스도인은 다른 세상에서 살고 있는 것이다.

큐티하면 행복한 이유는 주님이 말씀으로 우리를 만지시기 때문이다. 하나님의 말씀은 수술용 칼과 같다(히 4:12). 큐티란 수술대 위에 자신을 눕히는 것이다. 주님은 말씀으로 마음과 몸의 병들고 상한 부분을 만지신다. 잘못된 생각과 잘못 길들여진 습관을 다듬으신다. 열등감과 분노, 우울한 감정과 두려움을 잘라내신다. 그리고 버림받은 마음과 상한 마음, 죄의식과 아픈 마음을 만져 주시고 위로해 주신다. 큐티는 치유와 회복을 가져다준다. 불행하게 살 수밖에 없는 요소들을 제거해 준다. 몸과 마음과 영혼을 짓누르고 있던 껍데기들을 벗겨 준다.

이 수술은 한 번에 완성되지 않는다. 우리가 주님 나라에서 부름 받을 때까지 지속적으로 이루어져야 한다. 매일 말씀의 수술대 위에 누우면 하나님은 말씀으로 우리를 계속 다듬으신다. 원래 당신이 만들었던 사람으로, 당신이 기대했던 사람으로 만들어 가실 것이다. 예수님의 생애를 보라. 말씀으로 병든 자들과 귀신 들린 자들을 고치고 회복시키셨다. 그분은 지금도 동일한 방법으로 의사 역할을 하신다. 말씀으로 치유하고 말씀으로 고치신다.

큐티하면 행복한 이유는 주님이 삶의 코치가 되어 주시기 때문이다. 하나님은 인간이 가지고 있는 모든 문제의 해답을 갖고 계신다. 성경은 인간문제에 대한 해답서라고 말할 수 있다. 그분은 위기관리의 천재시다. 신구약 성경을 보라. 택하신 백성과 교회들이 위기를 당할 때마다 어떻게 풀어 가셨는지 알 수 있다. 그분이 해결하지 못한 사건은 한 건도 없다. 그분은 우리가 당하고 있는 고난을 잘 다루신다. 비법도 가지고 계신다.

나는 학창 시절 야구선수였다. 포지션은 투수였다. 나는 공을 던지다가 위기를 당하면 어김없이 코치를 바라보았다. 코치는 이미 야구의 달인이었다. 나에게는 그 위기가 커 보였지만 코치에게는 늘 있는 일상적인 위기일 뿐이었다. 내가 바라볼 때마다 코치는 위기를 해결할 수 있는 사인을 내려 주었다. 그 사인을 따라 공을 던지면 위기는 더 이상 위기가 아니었다. 기분 좋게 문제가 해결되었다.

큐티는 인생의 코치이신 예수님을 바라보는 것과 같다. 인생의 다양한 문제에 봉착할 때마다 말씀을 통해서 주님을 바라보라. 그러면 그분은 말씀으로 사인을 주신다. 당신이 가지고 계신 여러 가지 해법 중에서 우리에게 가장 정확한 것을 말씀을 통해서 보여주신다(시 119:105).

큐티하면 행복한 이유는 경건한 사람으로 훈련되기 때문이다. 구원은 은혜로 말미암아 믿음으로 얻는 것이지만 구원얻은 사람으로서 살기 위해서는 훈련이 필요하다. 급하게 출애굽에 성공한 이스라엘을 시내 산까지 인도하신 하나님이 그들을 위해서 가장 먼저 하신 일은 십계명을 주는 것이었다. 그것은 이제부터 애굽식으로 살지 말고 하나님의 방법대로 살아야 한다는 것을 의미한다. 하나님이 우리를 구원하신 목적 중에서 결코 간과하지 말아야 할 것은 말씀대로 사는 것이다. 그분은 우리를 말씀대로 살게 하기 위하여 구원하셨다.

하나님이 이스라엘을 출애굽시키시며 보름 길로 인도하지 않으시고 광야 40년 길을 가게 하신 이유는 무엇일까? 비록 그들이 애굽의 노예 생활에서 구원을 얻었지만 애굽에서의 노예 근성과 불신앙적 습관들을 벗어 버리고 하나님 나라의 백성으로서 바로 만들어지기 위해서는 훈련이 필요했기 때문이다. 그래서 하나님은 광야 학교에서 많은 것을 훈련시키셨다. 특히 그들을 고난이라는 상황에 몰아넣으시고 믿음과 순종을 집중적으로 훈련시키셨다. 물론 이스라엘은 많은 실수와 허물을 드러내면서 훈련과정을 소화해 냈다. 결국에는 그리스도인으로 훈련된 사람들만 약속의 땅 가나안에 들어갈 수 있었다.

그리스도인은 광야 생활을 하고 있는 것이다. 우리에게도 신앙훈련이 필요하다. 구원의 은혜를 아는 사람이라면 자신이 훈련되어야 할 부분이 많다는 것을 알고 있을 것이다. 그리고 훈련되지 못한 부분들 때문에 좋은 것들을 놓치면서 살고 있다는 것도 알 것이다. 큐티는 하나님의 음성을 들을 줄 아는 훈련을 시켜 준다. 큐티는 하나님의 비전이 무엇인지 볼 줄 아는 눈을 뜨게 해 준다. 큐티는 영적 분별력을 갖도록 훈련시켜 준다. 큐티는 나의 생각과 마음과 계획을 지속적으로 하나님께 맞추어 가는 훈련을 시켜 준다. 큐티는 하나님 나라의 백성들이 사는 방법을 계속 가르쳐 준다.

두 가지 행복

첫째, 예수님이 주시는 행복

누구든지 예수님 믿고 구원을 얻은 사람이라면 세상 사는 것이 행복해야 한다. 왜냐하면 믿기 전에는 죄된 본성과 죄가 만들어 놓은 환경과 죄로 인한 삶의 짐 때문에 불행하게 살았기 때문이다. 죄는 하나님이 인간에게 주신 좋은 것들을 모두 빼앗아가고 대신 온갖 나쁜 것들을 가져다주었다. 그래서 세상은 행복하게 사는 사람들보다 불행하게 사는 사람들이 많다.

그러나 예수님 믿으면 그 잃어버린 행복을 되찾을 수 있다. 왜냐하면 죄가 빼앗아가 버린 하나님이 주셨던 좋은 선물들을 예수님이 되찾아 주셨기 때문이다. 예수님은 우리의 죄 문제만 해결해 주신 것이 아니라 죄가 가져다주었던 모든 불행으로부터도 구원해 주셨다(마 8:17).

둘째, 큐티가 주는 행복

큐티하면 행복한 이유는 하나님과 인격적인 만남을 가질 수 있기 때문이다. 큐티하면 행복한 이유는 주님과 좋은 관계를 유지할 수 있기 때문이다. 큐티하면 행복한 이유는 주님이 말씀으로 우리를 만지시기 때문이다. 큐티하면 행복한 이유는 주님이 삶의 코치가 되어 주시기 때문이다. 큐티하면 행복한 이유는 경건한 사람으로 훈련되기 때문이다.

신앙생활 건강검진

하나님의 음성을 분별하기란 쉽지 않다. 그렇다고 어려운 일만도 아니다.
평소 하나님의 말씀을 묵상하는 훈련이 된 사람들에게는 하나님의 음성을
분별할 수 있는 잠재능력이 있다. 그래서 평소에 규칙적으로 큐티를 하는 것이 중요하다.

건강을 회복하고 유지하는 길은 하나님의 말씀을 통해서
그분의 음성을 듣고 사는 것뿐이다. 말씀으로 자신의 삶
과 사역 그리고 가정과 직장 생활을 지속적으로 조율하는
하는 것보다 좋은 방법은 없다. 몸이 건강해야 행복하듯
영혼이 건강해야 행복하게 살 수 있다. 큐티는 우리에게
행복의 비결을 알게 할 뿐 아니라 그 행복을 유지하는 방
법까지도 가르쳐 준다.

큐티는 신앙생활에 건강을 줍니다

건강을 회복하고 유지하는 길은
하나님의 말씀을 통해서
그분의 음성을 듣고 사는 것뿐이다

영적인 암 검진을 위한 세 가지 질문

요즘 현대인들은 대부분 1년에 한 차례씩 건강검진을 한다. 특히 암 환자가 계속 늘어나면서 건강검진에 대한 관심은 고조되고 있다. 건강에 관련된 텔레비전 프로그램도 꾸준히 시청자들의 관심을 끌고 있다고 한다. 신앙에도 건강검진이 필요하다. 과연 나는 성경적으로 살고 있는지, 습관적으로 전통에 길들여져 살고 있는지 진단해 보아야 한다. 인생의 목적과 방향, 돈 버는 방법과 목적, 직장 생활과 가정 생활, 인간관계와 취미 생활 더 나아가서 믿음 생활과 교회 봉사 등 이 모든 것이 성경적인지 검진을 받아야 한다. 자신의 신앙과 삶에서 병들어 가고 있는 부분과 이미 병들어 있는 부분 그리고 건강한 부분이 어디인지 점검할 필요가 있다.

질문 1. 지금까지 당신의 삶에서 예수님은 어떤 분으로 대접 받고 계신가?

대부분의 그리스도인들은 예수님을 주님이라고 부른다. 이 호칭은 주인이라는 뜻이다. 예수님은 우리 삶의 주인임에 틀림없다. 왜냐하면 우리를 죄에서 구원하실 때 값으로 환산할 수 없는 몸값을 지불하시고 우리를 사셨기 때문이다. 다시 말하면 사탄의 노예로 살던 우리를 대가를 치르고 사셨다. 그래서 우리가 죄에서 해방될 수 있었다. 이때부터 우리 것은 아무것도 없다. 모든 것이 주님의 것이 되었다. 그분이 우리 몸뿐 아니라 우리와 관련된 모든 것을 사셨기 때문이다. 시간과 물질, 은사와 재능, 돈과 자녀 등 모든 것의 주인은 예수님이다. 우리 인생도 우리 것이 아니다. 우리는 주인으로 사는 자들이 아니라 청지기로 사는 자들이다.

예수님은 당신의 주인이시지만 우리에게 그것들을 관리하도록 맡기셨다. 우리는 청지기로서 또는 관리자로서 살아야 한다. 그리스도인은 예수님의 것을 가지고 사는 자들이다.

여기서 신중하게 질문해야 한다. 과연 내 삶에서 예수님을 주인으로 대접하고 있는가? 혹시 명예 주인으로 계시지는 않는가? 주인이시면서도 무시를 당하고 계시지는 않는가? 내 인생은 내 것이라고 생각하며 살고 있지는 않는가?

한국인들이 중국에 가서 사업을 할 때 언어와 사회 물정을 모르기 때문에 중국인을 사장으로 세워서 일을 시작한다. 한국인 이름으로 사업승인 받기가 어려워서 현지인의 이름을 빌리는 것이다. 이때부터 중국인은 명예 사장이 된다. 그에겐 아무 결정권이 없다. 사장이라는 이름으로 월급만 받는 것이 전부다. 모든 실권은 한국인이 가지고 있다. 주님과의 관계에서도 이런 경우가 많다. 실권은 자신이 행사하면서 예수님은 명예 주인으로만 대우해 드리는 것이다. 예수님은 한 달에 한 번씩 드리는 사례금, 즉 십일조로 만족하시라는 것이다. 나머지는 자신이 알아서 살겠다는 것이다. 당신은 지금까지 이렇게 살아오지 않았는지 돌아

보라.

그리스도인들이 평생을 살면서 주님과의 관계에서 분명하게 정리하고 살아야 할 것이 바로 소유권 문제다. 모든 것이 주님의 것이라고 인정하고 살면 마음이 편하고 많은 것으로부터 자유할 수 있다. 그러나 자신의 것이라고 생각하고 살면 살수록 불행하다. 세상 사람들을 둘러보라. 자신의 인생은 자기 것이라고 생각하며 하고 싶은 대로, 사고 싶은 대로, 먹고 싶은 대로 사는데 왜 불행한가? 왜 만족이 없는가?

자녀들도 자신의 것이라고 생각하며 부모 마음대로 길러보라. 그들은 부모가 원하는 자녀로 길들여질 수 있을지는 몰라도 상처투성이의 사람으로 만들어지고 말 것이다. 왜 그럴까? 자기 것이라는 생각은 항상 욕심과 함께 오며 그 욕심은 우리 자신을 속박하기 때문이다. 욕심은 사람에게 만족할 수 없게 만들 뿐 아니라 사람을 지배하는 힘을 가지고 있다. 그러므로 누리는 삶과 눌리는 삶의 차이는 소유권이 누구에게 있느냐에 달려 있다. 아직도 소유권 문제로 갈등하는 그리스도인이 있다면 하루빨리 소유권이전 등록을 마치는 것이 좋을 것이다. 이 문제를 매듭짓지 않으면 영적으로 암에 걸리게 된다. 주님 앞에 내려놓고 사는 것이 건강을 유지할 뿐 아니라 행복하게 사는 법이다.

질문 2. 지금까지 당신의 인생은 누가 주도해 왔는가?

이 질문에 분명한 답을 하기 위해서는 중대한 일을 선택하고 결정할 때 누가 결정권을 쥐고 있는지를 보면 알 수 있다. 하나님께 묻고 응답을 얻은 후에 선택하고 결정했는지, 자신의 생각과 판단과 경험에 근거하여 선택하고 결정했는지를 보면 안다.

신앙의 수준은 항상 중요한 일을 진행할 때 결정권이 누구에게 있는지를 보면 판단할 수 있다. 성도들 중에는 자신이 주도하면서 인생을 사는 자들이 있고 주님께 주도권을 드리고 사는 자들이 있다. 주님보다 앞서서 늘 주님을 따라오게 만드는 그리스도인이 있고 주님 뒤에 서서 그분을 따라가는 그리스도인이 있다. 당신은 어느 쪽에 속하는가?

구약성경에 보면 대조적인 인생을 살았던 두 인물이 나온다. 이들의 삶을 비교하면서 어떻게 사는 것이 지혜로운 삶인지 분명하게 알게 될 것이다. 두 인물은 부자지간인 야곱

과 요셉이다. 야곱 같은 인물에게서 어떻게 요셉 같은 아들
이 생겼는지 생각할수록 신기할 뿐이다.

자신이 주도한 야곱의 인생

그는 철저하게 자신이 자신의 인생을 주도하면서 살았다.
결정적일 때마다 하나님이 간섭하실 기회를 드리지 않았
다. 자신의 잔머리에서 나오는 순간적인 판단력을 가지고
모든 것을 풀어 가려고 했다. 그는 태어나기 전부터 자신이
형보다 크게 될 것이라는 출생의 비밀, 더 정확하게 말하면
자신이 형을 대신해 장자가 될 것이라는 비밀을 어머니 리
브가를 통해 알고 있었다(창 25:23). 이것은 야곱을 향한 하
나님의 계획이었다. 하나님은 첫째인 에서 대신 둘째인 야
곱을 세워서 아브라함의 대를 이어 가도록 계획하셨다.

그런데 야곱의 문제는 이런 계획을 하나님이 주도하시게
하지 않고 자신이 주도해 갔다는 것이다. 그래서 배고파하
는 형에게 죽 한 그릇을 주면서 장자권을 달라고 비인간적
인 거래를 했다. 아버지가 에서에게 축복기도를 해 주기 위
해 사냥해 오라는 말을 들었을 때도 야곱은 믿음으로 하나

님이 어떻게 출생의 비밀을 이행하실지 기다리지 못했다. 인위적으로 아버지를 속이고 축복기도를 받아낸 것이다. 자신이 주도하여 하나님의 계획을 성취했던 것이다.

생각해 보라. 하나님의 거룩한 계획이 인간 야곱으로 말미암아 얼마나 유치하게 되어 버렸는가? 은혜롭게 진행되어야 할 하나님의 일이 얼마나 큰 상처를 주면서 이루어졌는가? 야곱은 이것만 실수한 것이 아니다. 자녀들을 양육하는 일도 자신이 주도했다. 그는 요셉과 베냐민을 편애함으로써 다른 아들들에게 얼마나 많은 상처를 주었는지 모른다. 오죽하면 그들이 동생 요셉을 죽이려고까지 했겠는가? 삼촌 라반의 집안에서 그가 당한 수모와 부당한 대우는 자신이 주도한 인생의 당연한 결과일 것이다. 그나마 하나님은 야곱을 사랑하셔서 라반의 집에서 훈련받게 하셨다. 자신이 속음으로써 속이는 일이 얼마나 나쁜 일인지를 알게 하셨다.

야곱은 자신이 주도한 인생을 행복했다고 고백했어야 하는데 그렇지 못했다. 요셉의 초청을 받아 애굽으로 이민 왔을 때 바로 왕에게 초대되어 상견례를 했다. 이때 그는 자신의 인생을 한 문장으로 고백했다.

"내 나그네 길의 세월이 백삼십 년이니이다 내 나
이가 얼마 못 되니 우리 조상의 나그네 길의 세월
에 미치지 못하나 험악한 세월을 보내었나이다"
(창 47:9).

자신이 주도한 인생의 결과는 험악한 세월을 사는 것이
다. 후에 야곱의 인생을 향하신 하나님의 계획은 성취되었
다. 그러나 그 계획은 야곱의 주도권 행사로 말미암아 많은
고생과 상처와 아픔 그리고 후회를 남기고 이루어졌다. 자
신이 주도하는 인생에게 돌아가는 것은 험악한 세월뿐임을
기억해야 한다. 하나님이 간섭하실 기회를 드리지 않고 사
는 것처럼 무모하게 인생을 사는 방법은 없다.

하나님이 주도하신 요셉의 인생
요셉은 인생의 큰 비전을 10대 청소년기에 알게 되었다.
하나님이 자신을 통해 놀랍게 하실 일이 있다는 것을 확신
했다. 두 번에 걸쳐서 주셨던 환상이 바로 그것이었다.
그러나 그에게 찾아온 현실은 자신이 보았던 비전과는 너

무 달랐다. 그럼에도 불구하고 요셉은 감당하기 어려운 상황이 닥쳐올 때마다 자신이 주도하여 고난의 상황을 헤쳐 나가려 하지 않았다. 형들에게 팔려 보디발의 집으로 왔을 때와 보디발 부인의 유혹을 뿌리친 대가로 감옥에 들어갔을 때, 꿈을 해석해 준 대로 복직이 된 술 맡은 관원이 자신을 잊어버리고 살았을 때도 그는 인위적으로 상황을 풀어 가려 하지 않았다.

그가 한 일은 자신의 고난에 대한 영적인 의미를 깨닫는 것이었다. 자신에게 보여준 꿈과 지금의 상황은 무슨 관계가 있는지 생각했다. 그리고 믿음으로 하나님이 주도해 가실 것을 기다렸다. 그래서 하나님에 대하여 원망하거나 사람에 대하여 복수의 칼을 갈지 않았다. 인위적으로 자신이 주도하여 상황을 풀어 가려 하지 않았다. 그 결과 요셉은 형들을 만났을 때 그들을 위로하면서 "나를 이곳에 보낸 것은 당신들이 아니라 하나님이었다"고 고백할 수 있었다(창 45:4-8). 그는 야곱과 다른 방법으로 세상을 살았던 것이다.

만약 야곱이 요셉과 같은 상황에 처했다면 어떻게 했을

까? 형들이 자신을 팔려고 했을 때 그는 형들과 1대 10의 큰 싸움을 벌였을 것이다. 보디발 부인이 유혹했을 때 그는 큰 대가를 요구했을 것이다. 자신이 노예 신분을 벗어날 수 있는 절호의 기회라고 여기고 그녀에게 비밀 보장을 전제로 시민권과 집과 재산을 요구했을 것이다. 이렇게 함으로써 스스로 고난의 문제를 풀어 가려고 했을 것이다. 야곱이 살아 있다면 불쾌하게 생각할지 모르지만 이것이 자신이 주도하는 인생의 단면이다.

하나님께 주도권을 드린 결과 요셉의 인생은 어떻게 되었는가? 한마디로 형통함 그 자체였다. 하나님은 요셉이 죽음을 당할 상황에서 큰형 르우벤을 통하여 구원하셨다. 요셉이 구덩이에 내몰아져 죽음을 기다려야 할 때 넷째 유다를 통해서 애굽으로 팔려 가게 함으로써 생명을 보존케 하셨다. 그리고 하나님은 요셉을 애굽의 허다한 관공서나 부자들의 집 중에서 시위대장 보디발 집으로 팔려 가게 하셨다. 그가 억울하게 옥살이를 했을 때도 하나님은 일반 죄수들을 위한 감옥 대신에 궁중의 직원들을 위한 감옥에 머물게 하셨다. 그곳에서 꿈을 해석할 수 있는 기회를 주셨다. 그리고 그것이 바로에게 추천을 받는 기회가 되었고, 그 꿈 해석의 결과 요셉은 하나님이 보여주셨던 비전을 성취하게 되었다.

이런 그의 삶의 여정에서 주목해야 할 것이 있다.

첫째는 요셉의 행동이다. 요셉이 한 일은 비록 연속되는 고난 속에 있었지만 하나님을 신뢰하는 것이었다. 그는 자신의 비전을 이루실 하나님에 대한 신뢰를 포기하지 않았다. 그리고 매일 자신에게 주어진 일과 삶에 충실했다. 그 결과 요셉은 하나님과 사람에게 신뢰받는 사람이 될 수 있었다. 이것이 그가 한 일의 전부였다.

둘째는 하나님의 행동이다. 요셉은 상황에 흔들리지 않고 믿음을 지키고 있었다. 하나님은 그 믿음 때문에 요셉을 위하여 열심히 뛰어다니셨다. 하나님이 요셉을 대신하여 모든 일을 형통하게 풀어 가셨다. 요셉의 인생은 철저하게 하나님이 주도하셨다. 그 결과 요셉은 형통한 인생을 살아갈 수 있었다. 자신이 주도하는 인생의 결과는 험악한 세월이지만 하나님이 주도하는 인생은 오직 형통함뿐이다. 같은 비전을 가졌을지라도 하나님이 주도하면 은혜롭게 성취되지만 사람이 주도하면 고생하면서 이루어진다.

질문 3. 당신은 지금까지 하나님의 음성을 들으면서 살고 있는가?

당신은 하나님께 묻고 음성을 들은 후 선택하고 결정하는가, 아니면 자신의 판단과 경험에 근거하여 선택하고 결정하는가? 당신이 먼저 결정하고 나서 기도하는가, 아니면 먼저 기도하고 하나님의 음성을 듣고 나서 결정하는가?

내 판단과 경험에 근거하여 하는 일은 쉽기도 하고 진행도 빠른 것 같다. 그러나 하나님의 음성을 듣고 하는 일은 물어야 하고 기다려야 하는, 때로는 일이 안 되는 것 같은 느낌이 들 때가 많다. 그래서 성도들 중에는 쉬운 방법으로 세상을 살려고 하는 사람들이 많다. 특히 우리의 삶은 선택과 결정의 연속이다. 세상은 다양한 선택과 결정을 요구한다. 이런 상황에서 어떻게 신앙적으로 살아야 할까 고민하게 된다.

세 가지 음성

사람은 모두 누군가의 음성을 들으면서 살게 되어 있다. 첫째는 자신의 음성을 듣고 산다. 자신의 경험과 지식에 근거하여 선택하고 결정한다. 둘째는 사탄의 음성이다. 사탄은 우리의 생각 속에 자신의 생각을 집어넣는다. 사울 왕에게 다윗을 향한 질투의 생각을 집어넣었듯이, 다윗 왕에게 밧세바를 간음케 하는 생각을 순간적으로 집어넣었듯이, 가롯 유다에게 예수님을 팔 생각을 집어넣었듯이 말이다. 그 생각은 순간적으로 넣을 수도 있고 오랜 시간 마음에 품게 할 수도 있다. 셋째는 하나님의 음성이다. 하나님은 성경 말씀에 근거하여 우리에게 말씀하신다.

하나님의 음성을 어떻게 분별할 것인지에 대하여 궁금해하는 사람들이 많다. 사전에 그분의 음성을 듣지 못해서 실수하고 후회하는 사람도 많다. 대부분 나중에 비로소 하나님의 뜻을 확인하는 경우가 많다. 사실 하나님의 음성을 분별하기란 쉽지 않다. 그렇다고 어려운 일만도 아니다. 평소 하나님 말씀을 묵상하는 훈련이 된 사람들에게는 하나님의 음성을 분별할 수 있는 잠재능력이 있다. 그래서 평소에 규칙적으로 큐티를 하는 것이 중요하다.

아브라함의 실수

아브라함이 가나안에 정착하여 처음 당한 어려움은 기근이었다. 그는 고난을 해결하기 위하여 애굽행을 결정했다 (창 12:10-20). 물론 하나님께 묻지 않았다. 자신이 판단하기에 그것이 최선이라고 생각하고 애굽을 선택했다. 그런데 그의 선택은 하나님의 뜻을 거스르는 것이었다. 하나님이 택하신 사람이 우상과 교만의 대명사로 불리는 애굽으로 내려가는 것은 하나님이 기뻐하실 일이 아니었다.

여기서 우리가 주목해야 할 것이 있다. 자신의 문제를 해결하기 위하여 애굽으로 내려간 아브람은 아내를 빼앗길 뻔하는 또 다른 어려움을 당하게 된다. 고난을 해결하기 위하여 자신이 선택한 길이 또 다른 고난을 초래했다. 하나님의 음성을 듣지 않고 결정한 일은 항상 우리에게 또 다른 고난을 초래한다. 하나님의 음성을 듣고 하는 일은 하나님이 책임을 져 주시지만 우리가 선택한 일은 우리가 책임을 져야 하는 대가를 치러야만 한다.

다윗은 철저하게 하나님의 음성을 듣고 사는 사람이었다. 그는 얼마든지 하나님의 음성을 무시하고 자신의 경험에 근거하여 전쟁을 치를 수도 있었다. 그런데 그는 그렇게 하지 않았다. 세계 최고의 전략가요, 용사이신 여호와 하나님을 철저하게 신뢰하고 의지했다. 그래서 그는 작전을 세우기 전에 먼저 하나님께 묻고 응답을 받고 행동을 취했다.

블레셋과의 싸움을 앞두고 그는 하나님께 물었다(삼하 5:19). "내가 블레셋 사람에게로 올라가리이까 여호와께서 저희를 내 손에 붙이시겠나이까?" 그러자 하나님이 응답하셨다. "올라가라 내가 단정코 블레셋 사람을 네 손에 붙이리라."

다윗이 하나님의 음성을 듣고 행한 결과는 승리였다. 다윗은 전쟁을 하기 전에 늘 하는 일이 하나님의 음성을 듣는 것이었다. 블레셋 사람의 손에서 그일라 성을 구원해 내는 일을 결정할 때도 하나님께 먼저 묻고 응답을 들었다(삼상 23:2-5). 아말렉 사람들에게 끌려간 가족들을 되찾아올 때도 하나님께 묻고 응답을 들은 후 행동을 취했다(삼상 30:8).

사랑하는 아내와 자식들이 사라졌을 때 다윗의 감정을 생각해 보라. 조급함과 분노 때문에 그는 얼마든지 즉흥적으로 혹은 감정적으로 일을 처리할 수 있었다. 그런데 그런 상황에서도 하나님께 물었다. 그리고 음성을 듣고 달려가 가족들을 구출해 낼 수 있었다. 하나님의 음성을 듣고 사는 다윗에게는 "만군의 여호와가 함께하시니 다윗이 점점 강성하여 가니라"(삼하 5:10)는 말이 잘 어울렸다.

하나님의 음성을 듣는다는 것은 우선순위를 그분께 드리는 믿음의 행위다. 선택권과 결정권을 그분께 드리는 믿음의 표현이다.

또한 다윗은 하나님의 음성에 예민한 사람이었다. 어느 날 아들 압살롬의 반역 때문에 황급히 예루살렘을 빠져나가야 했다(삼하 16:5-14). 정신없이 도피하던 중에 베냐민 지파 소속으로서 사울 왕과 사돈의 팔촌쯤 되는 시므이라는 사람을 만났다. 그는 평소 다윗에 대하여 불만이 있는 듯했다. 사울 왕가의 몰락이 다윗 때문이라고 생각했는지도 모른다. 시므이는 도망가는 왕을 위로하지 않고 오히려 저주했다.

이때 다윗의 측근들이 시므이의 머리를 베게 해 달라고 요청했다. 그런데 다윗 왕은 거절했다. 자신을 저주하도록 내버려 두라고 했다. 다윗은 여호와께서 나의 원통함을 감찰하실 것이며 그의 저주 때문에 나에게 선으로 갚아 주실지 모른다고 생각했다. 이것이 다윗의 영성이다. 그는 자신을 저주하는 자를 통해서도 하나님의 음성을 들으려는 사람이었다.

비교되는 두 인물

북쪽 이스라엘 왕 아합과 남쪽 유다 왕 여호사밧이 정상회담을 가졌다. 이 자리에서 아합은 아람에게 빼앗긴 길르앗 라못 땅을 전쟁을 일으켜서 되찾자고 제안했다(왕상 22:1-9). 아합은 전쟁을 일으켜서 땅을 빼앗는 것은 당연한 일이라고 생각하고 있었다. 그에게는 하나님의 음성은 안중에도 없었다.

그런데 여호사밧은 달랐다. 길르앗 땅을 빼앗기 위해 전쟁을 일으키는 것이 하나님의 뜻인지 먼저 묻자고 제안했다. 똑같은 사안을 놓고 접근하는 방식이 서로 완전히 달랐다. 아합은 상황에 근거하여 결정하려 했고 여호사밧은 하나님의 음성을 듣고 결정하려고 했다.

사태는 더 재미있게 전개되었다. 아합이 400명의 거짓 선지자들을 불러와 하나님의 음성을 말하라고 했다. 그들은 이구동성으로 전쟁을 일으키는 것이 하나님의 뜻이라고 주장했다. 하나님의 생각이 아니라 그들의 생각을 하나님의 뜻이라고 예언한 것이다. 하나님의 음성을 듣는 일에 익숙해 있는 여호사밧은 믿을 수 없었다. 그래서 다른 선지자를 요청했다. 아합은 하는 수 없이 자신에게 늘 흉한 일만 예언하는 미가야를 불렀다. 그는 전쟁이 하나님의 뜻이 아님을 분명히 알렸다. 그는 자신의 생각을 말하지 않고 진짜 하나님의 음성을 말했다.

하나님의 음성을 듣고 사는 그리스도인들은 항상 그분께 먼저 묻는다. 그리고 자신의 생각을 하나님의 뜻이라고 착각하지 않는다.

10년 전에만 알았어도

괌 집회를 갔을 때의 일이다. 승용차로 봉사하던 집사님이 첫날 집회를 마치고 운전을 하고 돌아오면서 이렇게 말했다. "괌에 오기 10년 전에 목사님 말씀을 들었다면 이곳에서 고생하며 살지 않았을 것입니다." 이야기의 전후사정을 들어 보니 그 내용은 이러했다.

딸이 대학을 졸업하고 여행사 직원이 되었다. 그 딸 덕분에 추운 겨울인 1월에 가족이 괌 여행을 갔다. 아름다운 바닷가에서 해수욕을 했다. 집사님은 물속에서 한국은 지금 엄동설한인데 이곳에서는 해수욕을 하고 있으니 천국이 따로 없다고 생각했다. 그리고 가족들과 함께 이민을 오기로 결정했다는 것이다.

집사님의 고생은 이민 후부터 시작되었다. 모든 것이 자신이 기대한 것과 달랐고 한국에서는 하지 않아도 되는 고생을 하면서 살아야 했다. 그래서 후회도 많이 했다고 한다. 집사님은 그때 하나님께 묻고 음성을 들은 후 결정했다면 그런 고생과 후회는 안 하고 살았을 것이라고 말했다.

하나님의 음성을 듣는 사람들은 결정하고 나서 기도하지 않는다. 먼저 기도하고 음성을 듣고 나서 결정한다.

신앙에 눈을 뜬 한 일본인 형제가 자신의 건물을 예배당으로 쓸 수 있도록 헌신을 했다. 그는 사업가였다. 일본에서는 교회를 세우기 위하여 건물을 임대받는 것이 어렵다고 한다. 우상을 섬기는 그들이 자신들의 건물이 교회가 되는 것을 별로 좋아하지 않기 때문이다. 그런 상황에서 그 형제의 섬김은 감사한 일이었다. 그렇게 해서 세워진 교회는 잘 성장하고 있었다.

어느 날 그 형제는 하나님의 영광을 위해서 더 많은 일을 하고 싶다는 생각을 했다. 주님을 위해 쓰기 위하여 돈을 많이 벌어야겠다는 생각을 했다. 그리고 자신이 소유하고 있는 많은 양의 돈을 주식에 투자했다. 그는 하나님이 틀림없이 많은 수익을 얻게 해 줄 것이라고 확신했다. 하나님을 위해서 쓸 것이기 때문이었다.

그런데 그의 생각과는 달리 수익을 얻기는커녕 원금까지도 사라져 버리는 낭패를 보았다. 그는 곧 시험에 들었다. 하나님을 위해서 쓰겠다고 투자를 했는데 돈을 벌게 하지 않으시고 날려 버리게 하신 하나님을 원망하기 시작

했다. 그런 하나님을 믿을 수 없다고 신앙까지 버리려고
했다.

얼마의 시간이 흐른 뒤 목사님을 만나게 되었다. 그는 목
사님께 하나님에 대한 불만을 털어 놓았다. 그의 말을 한참
동안 듣던 목사님이 그에게 물었다. "당신이 주식에 투자
할 때 하나님이 하라고 말씀하셨습니까? 아니면 당신 임의
대로 투자를 했습니까?" 그는 하나님이 투자하라는 말씀
은 없었지만 그분을 위해서 쓰려고 자신이 투자했다고 대
답했다. 그는 하나님의 음성을 듣지 않고 일을 벌인 것이
다. 그는 목사님과 대화하면서 자신의 잘못이 어디에 있는
지 깨달았다. 그리고 다시 믿음을 회복하고 하나님과의 관
계를 회복했다. 그랬더니 얼마 되지 않아 잃은 돈까지도 회
복시켜 주셔서 그 돈으로 하나님이 기뻐하시는 일을 할 수
있었다.

아무리 하나님을 위한 일을 계획할지라도 그것이 하나님
의 음성을 듣고 준비한 일이 아니면 그만두는 것이 좋다. 하
나님의 음성을 듣지 않고 자신의 임의대로 하나님을 위해서
뭔가를 시도하려는 태도를 버려야 한다. 그것이 믿음 좋은

것 같지만 사실은 믿음이 부족한 것이다. 하나님을 위한 일은 하나님이 원하시는 방법대로 해야 한다. 내 방법을 주님께 강요해서는 안 된다. 우리에게는 하나님께 강요할 권리도 자격도 없다. 이제부터는 아무리 근사한 계획일지라도 하나님의 음성을 듣고 그분이 사인하시는 대로 해야 한다.

한 가지 분명한 사실은 자신이 선택하고 결정한 일의 결과는 자신이 책임져야 한다는 것이다. 그러나 하나님이 선택하고 결정하게 하신 일은 그분이 반드시 책임을 지신다. 설령 우리가 기대하지 않는 실패의 결과가 나왔을지라도 하나님은 합력하여 선을 이룰 수 있도록 책임을 지신다.

다시 한 번 정리해 보자. 그리스도인들이 평생을 살면서 분명하게 해야 할 세 가지 원칙이 있다.

첫째, 소유권 이전을 확실하게 해야 한다.

둘째, 우선순위를 분명하게 정해야 한다.

셋째, 하나님의 음성을 듣고 행동해야 한다.

신앙생활의 암 검진을 마쳤다면 이제 기타 영적인 건강검사를 실시해 보자. 우리는 성경대로 하나님을 믿고 있고 성경대로 생활하고 있는지 늘 점검해야 한다. 신앙생활은 성경말씀에 근거해서 하는 것이지 교회의 전통과 자신의 습관에 따라 하는 것이 아니기 때문이다. 그러므로 그리스도인으로서 삶의 모든 영역을 성경말씀에 근거하여 점검할 필요가 있다. 큐티는 자신도 모르게 병들어 있는 부분들을 점검해 주는 엑스레이와 같다. 잘못 길들여진 영적 습관은 없는지 이제부터 하나씩 자가 진단을 해 보자.

첫째, 하나님과의 관계를 어떻게 하고 있는지 검진해 보자. 신앙이란 하나님과의 인격적인 관계다. 관계란 다른 말로 교제라고도 한다. 신앙생활은 하나님과 교제하는 것이다. 그런데 우리 편에서 일방적으로 하나님을 상대하는 교제를 하고 있는지, 하나님과 의사소통하면서 교제하고 있는지 돌아보아야 한다. 하나님은 보이는 분이 아니기 때문에 그분을 쉽게 생각하거나 소홀이 여기는 경우가 많다. 그리고 무례하게 굴 때가 많다. 그래서 우리는 하나님과 관계하는 법을 배워야 한다.

하나님을 대하는 가장 기본적인 태도는 경외하는 마음이다. 경외라는 말은 두려움이라는 의미다. 너무 거룩하시고 완전하시기 때문에 존경하는 마음에서 나오는 두려움을 말한다. 우리는 항상 이 태도를 가지고 그분을 대해야 한다. 그리고 좋은 관계는 상대방에게 무례하지 않을뿐더러 상대방의 의사를 존중할 때 형성된다. 하나님과의 교제를 잘하기 위해서는 그분의 의사를 늘 묻고 존중해 드리는 것이 필요하다. 하나님과의 교제도 성경대로 해야 한다. 큐티는 하나님과 교제하는 법을 훈련시켜 준다.

둘째, 예배 생활을 검진해 보자. 예배란 보이지 않으나 살아 계신 하나님께 자신을 산제물로 드리는 믿음의 행위다. 예배는 신앙생활의 핵심이다. 예배가 살면 신앙과 삶이 살아난다. 그러나 예배가 죽으면 신앙도 삶도 죽게 된다. 그만큼 그리스도인들은 참된 예배자가 되는 것이 중요하다.

그렇다면 당신이 예배를 어떻게 드리고 있는지 점검해 보자. 예배를 받으시는 하나님을 생각하면서 신령과 진정으로 드리는가, 아니면 의무행사, 곧 예배에 참석해 한 주기로 끝나고 마는가? 하나님이 어떻게 느끼시거나 받으시든 상관없이 자신이 하고 싶은 대로 드리고 있는 것은 아닌지 살펴보라. 만약 1년 중 몇 차례밖에 예배를 드릴 수 없다고 가정해 보자. 그 예배는 정성과 감동이 충만한, 정말 하나님께 온전히 드리는 예배가 될 것이다.

C국에서 사역할 때 공안들의 눈을 피해 가면서 드려야 했던 예배는 매번 감동과 감격의 연속이었다. 그러나 주님 나라로 부름 받을 때까지 예배를 드려야 하기 때문에 자기 편의대로 예배를 드리기가 쉽다. 감동이 없는 예배의 매너리즘에 빠지기 쉽다. 이렇게 되면 그 영혼은 영적으로 중병에 걸리고 만다.

예배는 모여서 함께 드리는 예배와 흩어져서 홀로 드리는 예배가 있다. 예배는 교회에 모여서 드리는 것만이 전부가 아니다. 흩어져서 삶으로 드리는 예배도 중요하다. 모여서 의식으로 드리는 예배와 흩어져서 삶으로 드리는 예배가 균형을 이루어야 한다.

요즘 번거롭게 교회를 찾아가서 예배하지 않고 인터넷과 위성으로 예배를 드리는 사람들이 늘어나고 있다. 교회에 늦게 가면 어차피 부속 건물에서 영상으로 예배를 드리게 되는데 집에서 방송으로 예배하는 것과 무슨 차이가 있냐고 반문한다. 이것은 성경적인 태도가 아니다.

또 주일에 교회에서 예배를 드렸다고 나머지 자리에서 자기 마음대로 사는 것도 성경적인 태도가 아니다. 주일예배만큼이나 주 중에 삶으로 드리는 예배도 중요하다. 하나님이 왜 아벨의 제사는 받으시고 가인의 제사는 거절하셨을까? 가인의 예배가 가지고 있는 문제는 무엇이었는가? 그것은 두 가지다. 가인은 믿음 없이 예배를 드렸다(히 11:4). 그리고 삶으로 드리는 예배가 없었다(창 4:7).

이스라엘의 타락이 극에 달했을 때 하나님은 백성이 드린 제사를 가증스럽다고 말씀하셨다. 그들에게는 예배하는 형식만 있을 뿐 삶으로 드리는 예배가 없었기 때문이다. 자신의 예배생활은 성경적인지 다시 한 번 진단해 보아야 한다. 큐티는 삶으로 드리는 예배자가 되는 좋은 방법이다. 말씀을 묵상하고 묵상한 대로 사는 것, 묵상한 말씀을 삶의 자리에서 적용하는 것이 곧 삶으로 드리는 예배다.

오늘날 한국 교회가 세상을 향하여 힘을 잃었다. 성도들은 영적인 영향력을 잃었다. 20년 전만 해도 교회는 세상을 향하여 해 줄 말이 있었다. 그러나 지금은 할 말이 없다. 왜 이런 상황이 벌어졌을까? 한 가지, 삶으로 드리는 예배가 없기 때문이다. 삶으로 보이는 신앙이 없기 때문이다. 교회 다니는 사람들이 똑똑하고 말은 잘하지만 영적인 삶이 없기 때문이다. 세상 사람들은 그리스도인들의 삶을 통해서 하나님을 본다. 그리스도인들이 삶 속에서 예배자가 되지 않으면 세상은 절대로 변할 수 없다.

셋째, 기도생활을 검진해 보자. 기도가 무엇이냐고 질문하면 하나님과의 대화라고 대답하는 그리스도인들이 많다. 그렇다면 우리의 기도생활을 점검해 보자. 하나님과 대화하는 기도를 하고 있는가, 아니면 하나님께 일방적으로 간구하는 독백 기도를 하고 있는가? 많은 이들이 기도할 때 자기 말만 다하고 자리를 떠나 버린다. 하나님이 말씀하실 기회를 드리지 않는다. 우리는 하나님께 일방적인 청구나 통보를 하는 경우가 허다하다. 기도란 아뢰기도 하고 듣기도 하는 것이다. 이제부터 기도할 때마다 자신의 기도에 대한 하나님의 생각을 듣는 침묵 시간을 가져 보라. 영적으로 성숙해지는 기회가 될 것이다. 큐티는 하나님이 말씀하실 기회를 드리는 좋은 방법일 뿐 아니라 하나님의 음성을 듣는 통로다.

넷째, 교회 봉사를 검진해 보자. 교회 봉사는 주님을 위한 헌신과 사랑의 표현이다. 그러므로 교회의 일은 우리를 위해 하는 것이 아니라 주님을 위해 하는 것이다. 또한 우리가 좋아하는 일을 하는 것이 아니라 주님이 맡기시는 일을 하는 것이다. 자기중심으로 하는 것이 아니라 교회 중심으로 하는 것이다. 교회를 우리에게 맞추려 하지 말고 우리를 교회에 맞추어야 한다.

필경 교회를 위한다면 교회와 목회자가 원하는 것이 무엇인지를 알고 섬겨야 한다. 남편이 아내를 위해 선물을 살 때 자신이 좋아하는 것을 사면 필경 감사는커녕 차라리 돈으로 달라고 요구할 것이다. 진정으로 아내를 위한다면 아내가 좋아하는 것을 사야 진짜 선물이 될 수 있다. 주님을 위한 봉사도 마찬가지다. 진정 주님과 교회를 위한다면 자신의 방식과 경험대로 하지 말아야 한다.

봉사자들이 범하는 흔한 실수는 표면적으로는 "주님을 위하여, 하나님의 영광을 위하여"라고 하면서도 내면으로는 자기 영광과 목적을 추구하는 것이다. 자기 경험과 방법을 고수하면서 무리하게 수고하는 사람들도 많다. 직분이 높을수록 이런 현상이 심하다. 이런 사람들이 봉사하다가 시험에 잘 든다. 다른 누군가가 시험에 들게 하지 않았다. 본인이 시험에 든 것뿐이다. 그리고 본인은 교회를 위한 헌신이라고 생각하는데 가만히 내면을 들여다보면 자기 열정과 열심에 빠져 있는 것을 볼 수 있다. 그것이 나쁜 것은 아니지만 자칫하면 일의 주체가 하나님이 아니라 자신이 될 수 있다.

그러므로 나는 주님의 방법대로 봉사하고 있는지, 자신의 방법대로 봉사하고 있는지 검진해 보아야 한다. 하나님의 음성을 듣지 않고 자기 생각과 판단에서 나오는 방법들은 십중팔구 주님이 원하시는 방법이 아니다.

다섯째, 성경읽기를 검진해 보자. 성경통독이나 성경쓰기는 그리스도인들에게 늘 강조되어 왔다. 교회마다 성경 통독반이 개설되기도 하고 1년에 한 번씩 성경 일독하는 성도들을 격려하기도 한다. 어떤 이들은 성경을 몇 회 통독했다는 것을 자랑으로 삼는 경우도 있다. 또 성경을 써서 가보로 남기는 성도들도 있다. 성경을 통독하거나 쓰는 일은 꼭 필요한 일이다.

그러나 중요한 것은 성경을 독서하듯이 그냥 읽었느냐, 성경을 읽으면서 하나님을 인격적으로 만나는 경험을 했느냐 하는 것이다. 만약 하나님의 음성을 들었거나 성령의 큰 감동을 경험하지 못한 채 읽기만 했다면 그것은 별 의미가 없다. 성경을 통독하다가 치유와 회복이 일어나고 인생의 막힌 관이 뚫어지는 역사도 일어나야 한다. 말씀을 통한 하나님과의 깊은 만남이 있어야 한다. 그렇지 않고 한 권의 책으로서 읽는 성경은 능력이 없다.

평생 목회자의 아내로 살던 어머니는 목사이신 아버지를

먼저 천국으로 보내드렸다. 어머니는 혼자 있는 외로움을 달래기 위해서 신구약 성경을 쓰기 시작하셨다. 70대 후반의 나이에도 불구하고 정성을 다해서 성경을 쓰셨다. 많은 시간이 흘러 급기야 어머니는 완성을 하셨다. 나는 그것이 어머니의 살아 있는 흔적이라고 느껴서 집안의 귀중한 물건으로 보관하고 싶다. 그런데 어머니는 오랜 시간을 들여 성경을 필사하셨지만 그 과정 속에서 하나님의 음성을 들었거나 성령님의 감동을 경험하지 못하신 것 같이 보였다. 하나님과의 인격적인 만남이 없는 통독과 필사는 행위 자체에 부여되는 의미 외엔 없는 것이다. 성경은 하나님의 음성을 듣기 위해서 읽어야 의미가 있다.

여섯째, 개인생활을 검진해 보자. 그리스도인이라는 이름과 삶이 어떻게 균형을 이루고 있는가? 신앙 성숙만큼 인격도 성숙한가? 하나님 중심으로 살고 있는가, 아니면 자기중심으로 살고 있는가? 믿음으로 고난과 싸워 이기면서 살고 있는가, 아니면 환경에 지배를 받으며 살고 있는가? 사탄의 유혹을 대적하면서 살고 있는가, 아니면 시험에 빠져 회개기도만 드리면서 살고 있는가?

예수님이 주인으로 계신가, 아니면 자신이 주인 노릇하며 살고 있는가? 하나님이 설정해 주신 비전을 향해 달려가고 있는가, 아니면 향방 없이 혹은 자신의 목표를 이루기 위해 달려가고 있는가? 하나님의 음성을 듣고 결단했는가, 아니면 결단을 미루며 세월을 보내고 있는가? 자신이 살고 있는 모습을 성경 검진표에 근거하여 진단할 필요가 있다.

지금까지 영적 건강검진을 해 보았다. 건강을 회복하고 유지하는 길은 하나님의 말씀을 통해서 그분의 음성을 듣고 사는 것뿐이다.

말씀으로 자신의 삶과 사역 그리고 가정과 직장 생활을 지속적으로 조율하는 것보다 좋은 방법은 없다. 몸이 건강해야 행복하듯 영혼이 건강해야 행복하게 살 수 있다. 큐티는 우리에게 행복의 비결을 알게 할 뿐 아니라 그 행복을 유지하는 방법까지도 가르쳐 준다.

큐티하는 사람들은 고난을 당해도 행복할 수 있다. 왜냐하면 고난 속에서도 말씀하시는 하나님의 음성을 들을 수 있기 때문이다. 하나님의 음성을 듣지 않고 살면 살수록 기형적인 신앙생활을 하기 쉽다. 내 마음대로 살면 살수록 영혼이 병들어 간다.

건강검진을 위한 세 가지 질문

질문 1. 지금까지 당신의 삶에서 예수님은 어떤 분으로 대접받고 계시는가?

시간과 물질, 은사와 재능, 돈과 자녀 등 모든 것의 주인은 예수님이다. 우리 인생도 우리 것이 아니다. 우리는 주인으로 사는 자들이 아니라 청지기로 사는 자들이다. 예수님은 당신의 주인이시지만 우리에게 그것들을 관리하도록 맡기셨다. 우리는 청지기로서 또는 관리자로서 살아야 한다. 그리스도인은 예수님의 것을 가지고 사는 자들이다.

질문 2. 지금까지 당신의 인생은 누가 주도해 왔는가?

이 질문에 분명한 답을 하기 위해서는 중대한 일을 선택하고 결정할 때 누가 결정권을 쥐고 있는지를 보면 알 수 있다. 하나님께 묻고 응답을 얻은 후에 선택하고 결정했는지, 자신의 생각과 판단과 경험에 근거하여 선택하고 결정했는지를 보면 안다. 신앙의 수준은 항상 중요한 일을 진행할 때 결정권이 누구에게 있는지를 보면 판단할 수 있다.

질문 3. 지금까지 당신은 하나님의 음성을 들으면서 살고 있는가?

내 판단과 경험에 근거하여 하는 일은 쉽기도 하고 진행도 빠른 것 같다. 그러나 하나님의 음성을 듣고 하는 일은 물어야 하고 기다려야 하는, 때로는 일이 안 되는 것 같은 느낌이 들 때가 많다. 그래서 그리스도인들 중에는 쉬운 방법으로 세상을 살려고 하는 사람들이 많다. 특히 우리의 삶은 선택과 결정의 연속이다. 세상은 다양한 선택과 결정을 요구한다. 이런 상황에서 어떻게 신앙적으로 살아야 할까 고민하게 된다.

03

하나님이
일하시는 방법

오랫동안의 큐티 생활을 통하여 얻은 선물 중 하나는 하나님이 일하시는

패턴을 깨닫게 된 것이다. 신구약 성경을 지속적으로 묵상하는 중에 하나님만의

독특한 행동양식을 발견할 수 있었다. 그리고 그 패턴 속에서 내 삶과 사역이

이루어지고 있음을 알게 되었다.

하나님의 부르심은 오늘 우리에게도 동일하게 적용된다. 지금 이 시대에도 하나님은 택함 받은 사람들을 통하여 일하신다. 그러므로 큐티하는 사람들은 늘 자신에게 질문한다. 하나님이 나를 어디에 무엇으로 쓰시기 위하여 부르셨을까? 이런 신앙을 가지고 사는 사람들에게는 과거에 대한 감격과 미래에 대한 기대감이 늘 충만하다. 과거를 돌아보면 하나님이 자신을 통해 이루신 일에 대한 감사와 감격이 있고 미래를 보면 하나님이 하실 일에 대한 기대감이 있다.

큐티는 하나님의
계획을 알려줍니다

우리 삶의 모든 분야에 대하여 주시는 하나님의 말씀을
들으면서 살아야 한다. 이것이 신앙생활하는 방법이다.

계획하고 준비하시는 하나님

오랫동안 큐티 생활을 하면서 얻은 선물 중의 하나는 하나님이 일하시는 패턴을 깨닫게 된 것이다. 신구약 성경을 지속적으로 묵상하는 중에 하나님만의 독특한 행동양식을 발견할 수 있었다. 그리고 그 패턴 속에서 내 삶과 사역이 이루어지고 있음을 알게 되었다. 지금부터 하나님이 일하시는 방법을 소개하려고 한다. 그것을 알면 그리스도인들이 하나님의 음성을 듣고 사는 것이 왜 중요한지 더욱 깊이 깨닫게 될 것이다.

하나님이 일하시는 첫 번째 방법은 모든 일을 철저한 계획 속에서 진행하신다는 것이다. 하나님은 즉흥적으로 혹은 주먹구구식으로 일하시는 경우가 한 번도 없다. 그것은 그분의 스타일이 아니다. 당신의 완전하신 성품대로 완벽한 계획을 세워 놓고 일을 진행하신다. 세상을 창조하시기 전에 사람을 통해서 관리할 것을 계획하셨다.

처음 사람들이 죄를 범함으로써 모든 인간이 죄인으로 죽게 되었을 때도 어떻게 죄인을 구원할 것인지를 구체적으로 계획하셨다(창 3:15). 세상이 하나님의 기대와는 달리 죄악으로 가득하자 홍수로 심판할 것과 방주를 통하여 노아의 가족을 구원할 것을 계획하셨다. 모든 인류를 상대하시던 하나님은 아브라함을 통해서 히브리 민족을 만들어 그들을 먼저 구원하고 그 민족을 통해서 세상을 구원할 것도 계획하셨다. 하나님은 아브라함 때 이미 400년간 애굽의 노예 생활을 할 후손들을 구원할 것을 계획하셨다. 그리고 열두 지파 중 유다 족속에게서 메시아를 낳게 해 죄인을 구원할 것을 계획하셨다. 이스라엘이 우상숭배와 불순종과 교만에 빠져 살 때 하나님은 바벨론을 통한 징계를 계획하셨고 동시에 70년 후의 회복까지 계획하셨다. 예수님의 승천 이후 교회를 통해서 주님이 이루어 놓으신 구원을 온 세상으로 확장케 하는 일을 계획하셨다.

그것만이 아니다. 세상의 마지막을 어떻게 마무리하실 것인지를 요한계시록을 통해서 구체적으로 계획하셨다. 이렇게 성경의 모든 역사는 하나님의 계획하심 속에서 진행되었다.

하나님은 계획만 세우시는 분이 아니다. 그 계획이 잘 진행될 수 있도록 철저하게 준비하신다. 아브라함을 부르시고 가나안으로 보내실 때도 하나님은 당신이 먼저 가셔서 그가 잘 정착할 수 있도록 준비하셨다. 요셉이 형들에게 팔려 애굽으로 내려갔을 때 이미 하나님은 그가 총리가 되는 과정을 마련해 놓고 계셨다. 모세를 통해 백성을 가나안으로 들어가게 하실 때도 광야 생활에 필요한 모든 것을 완벽하게 준비해 놓고 계셨다. 여호수아를 통해 가나안을 정복하게 하실 때도 이미 승리를 준비해 놓고 보내셨다. 이스라엘을 예루살렘으로 귀환시키실 때도 이미 성전과 성벽 재건을 위한 제반 여건을 모두 구비해 놓으셨다. 마게도냐 복음화를 위하여 사도 바울을 빌립보로 보내실 때도 이미 그를 통해서 믿게 될 사람들을 준비해 놓으셨다.

이렇게 하나님은 철저한 계획과 준비 속에서 모든 일을 이루시는 분이다.

당신을 향한 하나님의 계획

하나님의 계획하심과 준비하심은 성경 속에만 있는 것이 아니다. 그리고 성경의 인물들에게만 적용되는 것도 아니다. 오늘 이 시대에도, 예수님을 믿고 사는 우리에게도 동일하게 적용된다.

큐티를 하는 그리스도인들은 다음과 같은 세 가지 영적 유익을 얻을 수 있다.

첫째, 자기 정체성을 알게 된다. 우리는 육신적으로 볼 때 부모님에게서 태어났지만 사실은 영적으로 하나님의 놀라운 계획하심 속에서 태어난 것이다. 하나님이 부모님을 통해서 우리를 이 세상에 보내신 것이다. 자신이 출생한 배경과 환경을 가지고 부모님을 원망하는 사람이 있다면 그것은 성경적인 태도가 아니다. 우리가 어떤 모양으로 어떤 환경에서 태어났든지 간에 하나님이 보내셨다는 사실을 먼저 인식해야 한다. 건강하면 건강한 대로, 병약하면 병약한 대로, 가난하면 가난한 대로, 부유하면 부유한 대로 자신의 출생이 하나님의 계획 속에서 이루어졌음을 인정해야 한다.

둘째, 자신의 인생을 향하신 하나님의 계획을 알게 된다. 우리는 세상을 되는 대로 상황에 이끌려 사는 자들이 아니다. 자신을 향한 하나님의 계획을 알고 그 계획을 따라서 사는 것이 우리의 삶이어야 한다. 현재 자신이 처해 있는 형편과 상황에서 과연 어떻게 살아야 하는지 부단히 하나님께 물으며 살아야 한다. 우리를 향한 하나님의 계획이 무엇인지 알아야 한다. 부모들이 자녀들을 신앙으로 양육할 때에도 그들의 인생을 향한 하나님의 계획이 무엇인지 알게 해 주는 것이 가장 중요하다.

셋째, 하나님이 준비해 놓으신 것들을 알게 된다. 하나님은 당신이 세우신 계획을 진행하기 위하여 많은 것을 준비해 놓으신다. 그것들은 오직 믿음으로만 알 수 있다. 이스라엘은 광야 40년 동안 믿음이 부족하여 하나님이 준비해 놓으신 것들을 보지 못했다. 그래서 고난을 당할 때마다 실족할 수밖에 없었다. 믿음의 눈을 가진 사람들은 하나님이 준비해 놓으신 것들을 볼 수 있다.

이런 하나님을 알게 되면 목회하는 삶이나 그리스도인으로 사는 삶 속에는 항상 하나님의 계획과 준비에 대한 기대가 있다. 그래서 사역이 즐겁고 사는 것이 기쁠 때가 많다. C국 선교사로 보냄을 받았을 때 하나님은 이미 함께 교회를 세워 성령의 일을 감당할 사람들을 준비해 놓고 계셨다. 뿐만 아니라 사역을 효과적으로 할 수 있는 계획까지도 이미 세워 놓고 계셨다. 사역을 마치고 한국으로 들어왔을 때도 하나님은 나를 통해서 이루고자 하시는 계획과 준비를 이미 해 놓고 기다리셨다.

자녀들을 바라보는 눈도 달라졌다. 당장 학교 성적과 대학 진학이라는 현실 때문에 시험에 들거나 실족하는 일이 없었다. 오히려 아이를 위하여 하나님이 계획하신 미래를 기대하면서 바라보았다. 그리고 하나님의 인도하심을 구하면서 살게 되었다. 아침 묵상을 할때도 오늘 하루를 어떻게 살라고 계획하셨을까 기대하면서 말씀을 접한다. 이것이 나에게 큰 기쁨이다. 그래서 큐티하면 행복함을 느끼면서 살 수밖에 없다.

선택하고 부르시는 하나님

하나님이 일하시는 두 번째 방법은 사람을 선택하시는 것이다. 하나님은 세우신 계획들을 직접 행하시는 경우가 없다. 모든 일을 사람을 통해서 행하신다. 물론 세상을 창조한 일이나 세상을 심판하는 일은 하나님이 직접 행하신다. 사람은 피조물이지 창조주가 아니며, 심판의 대상이지 심판자가 아니기 때문이다. 이 두 가지를 제외하고 모든 일은 사람을 통해서 행하신다.

아담 부부는 에덴동산 관리자로 택함 받은 사람들이었다. 아브라함은 믿음의 조상이 되기 위해 선택된 사람이었다. 요셉은 이스라엘을 기근의 고통에서 구원해 낼 자로 택함 받았다. 모세는 출애굽을 위하여, 여호수아는 가나안 정복을 위하여 부름 받았다. 예수님의 제자들은 예수님이 하셨던 사역을 대신 감당하기 위하여 택함 받은 사람들이었다. 사도 바울은 복음을 이방 사람들에게 전하기 위하여 선택 받았다. 이렇듯 성경에 등장하는 대부분의 인물들은 하나님이 계획하신 크고 작은 일을 감당하기 위하여 부름 받은 사람들이었다.

하나님의 부르심은 오늘 우리에게도 동일하게 적용된다. 지금 이 시대에도 하나님은 택함 받은 사람들을 통하여 일하신다. 그러므로 큐티하는 사람들은 늘 자신에게 질문한다. 하나님이 나를 어디에 무엇으로 쓰시기 위하여 부르셨을까? 나를 통해서 이루길 원하시는 사역이 무엇인지 늘 관심을 갖는다. 이런 신앙을 가지고 사는 사람들에게는 과거에 대한 감격과 미래에 대한 기대감이 늘 충만하다. 과거를 돌아보면 하나님이 자신을 통해 이루신 일에 대한 감사와 감격이 있고 미래를 보면 하나님이 하실 일에 대한 기대감이 있기 때문이다.

큐티하는 부모는 자녀들을 바라볼 때도 동일한 기대감을 갖는다. 내 아이를 어떻게 쓰시려고 부르셨을까? 그것이 곧 기도 제목이 된다.

큐티하는 사람들은 부름 받은 사람으로서의 정체성을 분명히 가지고 산다. 나는 하나님의 동역자이다. 나는 하나님께 필요한 사람이다. 나는 하나님의 사역 파트너다. 성령님은 지도자시고 우리는 사업 시행자다.

큐티를 통해서 이런 하나님을 발견한 후부터 내 삶에 많은 변화가 있었다. 나는 하나님이 나를 필요로 하실 때 마음대로 쓰실 수 있도록 준비해야 한다는 생각을 했다. 그래서 말씀 훈련과 경건 훈련 등 많은 훈련에 나를 집어넣었다. 국내외 많은 사역에 자발적으로 참여했다. 특히 어려운 일이나 지역 찾기를 자원했다. 교회 사역에 반드시 필요한 것들을 골라 열심히 공부도 했다. 고난을 당할 때도 준비 훈련이라는 생각으로 믿음을 가지고 대처했다.

부목사의 사명은 담임목사가 되었을 때 하나님이 원하시는 교회를 만들어 가기에 충분한 준비를 하는 것이라는 생각을 많이 했다. 지금도 내 마음엔 하나님이 나를 어디에 쓰실지에 대한 기대감이 충만해 있다. 그래서 예수님 때문에 행복하다고 늘 고백하는지도 모른다.

부르신 자에게 말씀하시는 하나님

하나님이 일하시는 세 번째 방법은 부르신 자에게 말씀하시는 것이다. 선택 받은 사람은 어떤 사람이 되어야 하며 어떻게 살아야 하는지, 하나님을 위해서 무엇을 해야 하며 당면한 문제나 맡겨진 일을 어떻게 해야 하는지에 대해서 말씀해 주신다.

아담 부부를 부르신 하나님은 그들의 일과 삶에 대하여 말씀하셨다. 선악과를 따 먹지 말 것이며 에덴동산을 잘 관리하라고 말씀하셨다. 노아를 부르신 하나님은 그에게 홍수 심판에 대한 계획을 알려 주시면서 방주를 지을 것을 말씀하셨다. 노아가 하나님을 위해서 무엇을 해야 하는지 말씀해 주신 것이다.

아브라함을 부르신 하나님은 고향을 떠나 내가 지시하는 곳으로 이민을 가라고 말씀하셨다. 모세를 부르신 하나님은 그가 백성을 위하여 무엇을 해야 하는지 말씀하셨다. 모세의 후계자로 지명된 여호수아에게는 리더로서 어떤 신앙의 태도를 가지고 살아야 하는지 말씀하셨다. 선지자들에게는 왕과 백성에게 전해야 할 말씀을 계속 주셨다. 예수님은 귀신을 쫓는 일도, 병을 고치는 일도 말씀으로 행하셨다. 성령님은 고난과 핍박 가운데 있는 사도 바울에게 나타나셔서 말씀으로 위로와 비전을 심어 주셨다. 하나님은 말씀하시는 분이다. 말씀으로 세상을 창조하신 하나님은 모든 일을 말씀으로 하신다.

그리고 하나님은 말씀하신 대로 반드시 행하신다. 말씀해 놓고 실행하지 않으신 일은 하나도 없다. 예수님의 십자가를 통하여 죄인을 구원하시겠다는 말씀도 이루셨다. 메시아가 유다 지파에서 나올 것이라는 말씀도 이루셨다. 모세를 통해 이스라엘을 애굽에서 해방시켜 주겠다고 아브라함에게 하신 말씀도 이루셨다. 이스라엘이 회개하지 않으면 징계하겠다는 말씀도 앗수르에게 멸망을 당하고 바벨론의 포로가 되게 함으로써 이루셨다.

포로귀환을 말씀하셨는데 당신이 정하신 때 정확하게 약속을 지키셨다. 예수님을 믿으면 구원을 얻는다고 하신 말씀대로 구원을 주셨다. 우리가 주님과 주님의 말씀을 더욱 신뢰할 수 있는 것은 그분이 말씀하신 대로 행하시는 분이기 때문이다. 하나님은 성경 속에서 행동하신 대로 오늘 우리 삶의 영역에서도 동일하게 행동하신다.

말씀하시는 하나님을 알았다면 이제 우리는 어떻게 신앙생활을 해야 할까? 대답은 오직 하나뿐이다. 하나님의 말씀, 곧 하나님의 음성을 들으면서 살아야 한다. 하나님은 나의 삶과 일, 그리고 가정과 미래에 대하여 늘 말씀하신다. 내가 처해 있는 모든 상황에서 그분의 음성에 귀를 기울이면 무엇을 해야 하며 어떻게 해야 하는지 하나님의 마음과 방법, 그리고 생각을 들을 수 있다.

그러므로 신앙생활은 먼저 하나님께 묻고 기대하며 기다리면서 응답을 듣는 것이다. 고난을 당할 때나 예상치 못한 시련을 당할 때도, 병들거나 억울한 일을 당할 때도, 무엇을 어떻게 해야 할지 모를 때도 귀 기울이는 사람에게 하나님은 당신의 음성을 들려주신다. 우리는 우리 삶의 모든 분야에 대해 주시는 그분의 말씀을 들으면서 살아야 한다. 이것이 신앙생활하는 방법이다. 하나님의 음성에 귀를 막고 사는 것은 어리석은 방법이다. 이제부터 귀를 열어서 하나님이 다양한 채널을 통해 말씀하시는 내용들을 들을 수 있어야 한다.

우리는 세상을 되는 대로 상황에 이끌려 사는 자들이 아니다. 자신을 향한 하나님의 계획을 알고 그 계획을 따라서 사는 것이 우리의 삶이어야 한다. 현재 자신이 처해 있는 형편과 상황에서 과연 어떻게 살아야 하는지 부단히 하나님께 물으며 살아야 한다. 우리를 향한 하나님의 계획이 무엇인지 알아야 한다. 부모들이 자녀들을 신앙으로 양육할 때에도 그들의 인생을 향한 하나님의 계획이 무엇인지 알게 해 주는 것이 가장 중요하다.

하나님이 일하시는 방법

첫째, 계획하고 준비하시는 하나님

하나님은 모든 일을 철저한 계획 속에서 진행하신다. 하나님은 즉흥적으로 혹은 주먹구구식으로 일하시는 경우가 한 번도 없다. 그것은 그분의 스타일이 아니다. 당신의 완전하신 성품대로 완벽한 계획을 세워 놓고 일을 진행하신다. 세상을 창조하시기 전에 사람을 통해서 관리할 것을 계획하셨다.

둘째, 선택하고 부르시는 하나님

하나님은 사람을 선택하신다. 하나님은 세우신 계획들을 직접 행하시는 경우가 없다. 모든 일을 사람을 통해서 행하신다. 물론 세상을 창조한 일이나 세상을 심판하는 일은 하나님이 직접 행하신다. 사람은 피조물이지 창조주가 아니며, 심판의 대상이지 심판자가 아니기 때문이다. 이 두 가지를 제외하고 모든 일은 사람을 통해서 행하신다.

셋째, 부르신 자에게 말씀하시는 하나님

하나님은 부르신 자에게 말씀하신다. 선택 받은 사람이 어떤 사람이 되어야 하며 어떻게 살아야 하는지, 하나님을 위해서 무엇을 해야 하며 당면한 문제나 맡겨진 일을 어떻게 해야 하는지에 대해서 말씀해 주신다.

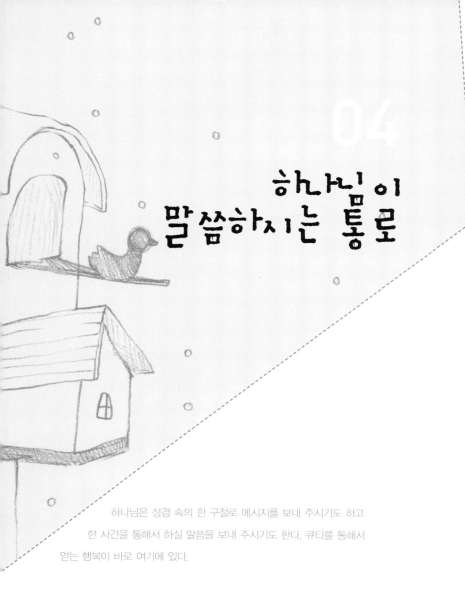

04

하나님이
말씀하시는 통로

하나님은 성경 속의 한 구절로 메시지를 보내 주시기도 하고
한 사건을 통해서 하실 말씀을 보내 주시기도 한다. 큐티를 통해서
얻는 행복이 바로 여기에 있다.

매일 큐티하기 위하여 성경을 펼칠 때마다 오늘 하루를
어떻게 살라고 말씀해 주시는지 기대하면서 읽어 보라. 하
나님은 시대와 공간을 초월하여 이미 우리에게 필요한 모
든 메시지를 성경에 기록해 놓으셨다. 우리에게 하실 말씀
을 이미 모두 전송해 놓으셨다. 우리가 무엇을 어떻게 해
야 하는지 이미 성경 구석구석에 모두 기록해 놓으셨다.
지속적으로 큐티를 통해서 하나님의 메시지를 받으면 분
명 우리에게 말씀하시는 그분의 음성을 들을 수 있다.

큐티는 하나님의
메시지를 보여줍니다

신앙은 고난을 통해서 성장할 수도 있고 도태할 수도 있다. 어떻게 영적 의미를 깨달았느냐, 하나님의 음성을 들었느냐에 따라서 고난이 주는 선물은 다를 것이다.

성경을 통해 주시는 문자 메시지

하나님이 즐겨 사용하시는 방법은 문자 메시지다. 우리가 핸드폰이나 이메일을 통해서 문자로 의사 표시를 하듯이 하나님도 기록된 말씀, 곧 성경을 통해서 우리에게 말씀하신다.

가끔 나의 두 아들에게서 '아빠 사랑해요' 라는 메시지를 받을 때 느끼는 행복은 말로 다할 수 없다. 성경을 읽을 때 한 권의 책으로 생각하고 읽는 것보다는 하나님이 보내신 문자 메시지를 본다는 생각으로 읽어 보라. 나를 위해서 주시는 사랑의 메시지라고 생각하고 읽어 보라. 훨씬 성경과 가까이하기 쉬울 것이다.

매일 큐티하기 위하여 성경을 펼칠 때마다 오늘 하루를 어떻게 살라고 말씀해 주시는지 기대하면서 읽어 보라. 하나님은 시대와 공간을 초월하여 이미 우리에게 필요한 모든 메시지를 성경에 기록해 놓으셨다. 우리에게 하실 말씀을 이미 모두 전송해 놓으셨다. 우리가 무엇을 어떻게 해야 하는지 이미 성경 구석구석에 모두 기록해 놓으셨다.

매일은 아닐지라도 지속적으로 큐티를 통해서 하나님의 문자 메시지를 받으면 분명 우리에게 정확하게 말씀하시는 그분의 음성을 들을 수 있다. 하나님은 성경 속의 한 구절로 메시지를 보내 주시기도 하고 한 사건을 통해서 하실 말씀을 보내 주시기도 한다. 큐티를 통해서 얻는 행복이 바로 여기에 있다. 정확하게 자신의 상황에 필요한 내용을 전해 주신 그분의 말씀을 메시지로 읽을 때의 기쁨은 말로 다 설명할 수 없다.

한 여집사님이 사촌 여동생과 심각한 갈등 관계에 있었다. 그 동생이 한밤중에 전화해서 사업자금 수천만 원을 빌려 달라고 사정했다. 내일 12시까지 돈을 막지 못하면 부도가 난다며 통사정을 했다. 집사님도 현금을 가진 것이 없었기 때문에 고민 끝에 신용카드를 이용하여 돈을 빌려 주었다. 그런데 며칠이 못 되어 동생 가족이 미국으로 도피해 버렸다. 사정을 알고 보니 언니 돈을 가지고 도망을 간 것이었다. 이때 집사님이 받은 충격과 분노는 말할 수 없이 컸다.

그 후 아무 연락도 없이 1년여 시간이 흘렀다. 그 사이 집사님은 은혜를 체험하고 어떻게 이 문제를 신앙적으로 해결할 것인지 하나님께 묻고 또 물었다. 어느 날 사무엘서를 묵상하던 중 다윗이 사울을 대하는 태도를 하나님이 보여 주셨다.

억울하게 도망 다니는 다윗이었지만 사울을 원수로 여기지 않을뿐더러 그를 죽일 수 있는 기회가 있음에도 불구하고 하나님께 사울의 죽음을 맡기는 것을 보여주셨다. 그러면서 "네 동생을 놓아 주어라. 용서해 주어라"고 하나님이 말씀하신 것이다.

처음에는 하나님이 말씀하신 대로 행하기가 어려웠다. 돈도 돈이지만 배신감이 너무 컸기 때문이었다. 그러나 집사님은 결국 수소문해서 미국으로 전화해 하나님이 말씀하신 대로 용서를 선언해 주었다. 그 결과 본인도 모든 갈등의 고통으로부터 자유할 수 있었다.

최고의 방탕아였던 어거스틴이 변하여 새 사람이 되고 유명한 신학자가 될 수 있었던 것도 하나님이 보내 주신 문자 메시지를 받아 보았기 때문이었다. 문자 내용은 "자다가 깰 때가 벌써 되었다. 우리 구원이 처음 믿을 때보다 가까웠다. 어두움의 일을 버리고 빛의 갑옷을 입자. 낮에와 같이 단정히 행하고 방탕과 술 취하지 말며 음란과 호색하지 말라. 오직 주 예수 그리스도로 옷 입고 정욕을 위하여 육신의 일을 도모하지 말라"(롬 13:11-14) 등이었다. 마틴 루터가 가톨릭 신부로서 구원과 죄 사함의 문제를 가지고 심각하게 고민하고 있을 때 하나님은 그 해답을 문자 메시지로 보내 주셨다(롬 1:16-17).

"구원은 행위로 얻는 것이 아니다. 죄 사함도 고행을 통해서 얻는 것이 아니다. 오직 믿음으로 얻는 것이다"라는 메시지를 통해서 종교개혁을 이루었다.

장로교 목사들이 성령님에 대하여 약한 부분이 있다. 이

론적으로는 알고 있지만 자신의 삶과 목회 현장에서 성령님의 주권과 능력, 은사와 열매를 강조하는 일은 별로 없다. 나 또한 그랬었다. 그런데 사도행전을 묵상하고 있을 때 하나님은 성령님에 대한 메시지를 계속 보내 주셨다. 예수님의 마지막 말씀에도 성령님이 언급되었다(행 1:8). 오순절 사건에도 성령님이 등장하셨다(행 2:1-4). 사마리아로 출장 갔던 베드로와 요한도 그 지역 성도들에게 성령을 받게 하고 돌아왔다(행 8:14-17). 사도 바울의 사역도 성령님이 주도하시는 것을 보게 하셨다.

이런 말씀을 계속 보여주시면서 하나님은 나에게 성령을 체험하고 성령님을 알고 선포하고 증거하라는 메시지를 주셨다. 결국 성령님을 공부하고 성령수련회 프로그램과 교재를 만들어 교회와 성도들에게 성령님의 능력과 역사를 선포하는 목사가 되게 하셨다.

또한 나는 목사로서, 그리스도인으로서, 가장으로서 어떻게 살아야 할 것인지 하나님께 묻고 응답을 기다렸다. 삶의 방법을 가르쳐 달라고 부탁을 드렸다. 어느 날 하나님은 내가 어떻게 살기를 원하시는지 나의 삶에 대한 당신의 기대를 가르쳐 주셨다. 성경의 많은 말씀 중에서 그분이 나에게 보내 주신 메시지는 "항상 기뻐하라, 쉬지 말고 기도하라, 범사에 감사하라"(살전 5:16-18) 바로 이것이었다. 이 말씀이 내가 세상을 사는 방법이요, 사역하는 방법이 되었다.

하나님은 우리 삶의 모든 부분에 대하여 말씀하실 준비가 되어 있다. 묵상을 통해서 메시지를 기다리면 정확한 시기에 문자로 보내 주신다.

설교를 통해 주시는 음성 메시지

하나님이 즐겨 사용하시는 두 번째 방법은 음성 메시지다. 하나님은 강단에서 목회자들을 통하여 선포되는 말씀, 곧 설교를 통해서도 우리에게 말씀하신다. 구약의 예언자들이 하나님의 말씀을 하나님을 대신하여 왕과 백성에게 전했듯이 목회자들도 하나님의 음성을 먼저 듣고 성도들에게 전달한다. 그러므로 목회자들의 설교를 사람의 말로 들으면 안 된다. 하나님의 말씀으로 들어야 한다.

방송을 통해서 말씀을 들을 때도 이와 같은 태도가 필요하다. 예배를 드리기 위하여 교회에 왔을 때 해야 할 중요한 기도 중 하나가 "하나님, 오늘도 목사님을 통하여 말씀해 주시옵소서. 제가 듣겠나이다"이다. 목회자들은 성도들이 말씀을 통해서 하나님의 음성을 들었다는 말을 들을 때 가장 기쁘고 보람을 느낀다.

하나님의 말씀을 들으러 오는 성도는 네 종류가 있다.

첫째, 삽을 들고 오는 사람이다. 이 사람은 말씀이 떨어질 때마다 아멘을 외친다. 그런데 자신을 위한 아멘이 아니라 다른 사람들을 위한 아멘이다. 자기에게 주시는 말씀은 하나도 없다. "이 말씀은 아무개 장로님이, 권사님 혹은 집사님이 들어야 할 말씀입니다. 아멘!", "이 말씀은 우리 시어머니가, 우리 며느리가 들어야 할 말씀입니다. 아멘!"

이렇게 이 사람은 한 시간 내내 말씀을 떠넘기는 삽질을 한다. 그리고 예배가 끝나면 다시 삽을 어깨에 메고 세상으로 돌아간다. 마치 논을 갈고 돌아가는 농부처럼 말이다. 이런 사람은 자신에게 주시는 말씀을 다른 사람들을 위해 주시는 말씀으로 듣기 때문에 하나님의 음성을 들을 수 없다.

둘째, 저울을 들고 오는 사람이다. 이 사람은 한 시간 내

내 선포되는 말씀을 저울질한다. 마치 신학교의 설교학 교수처럼 평가하는 것이다. 이런 사람의 입에서는 아멘으로 화답하는 일이 없다. 기본적으로 하나님의 음성을 들으려는 자세가 안 돼 있다.

이 사람은 오늘 말씀을 통해서 내 마음을 감동시켜 보라는 태도로 예배에 임한다. 선포되는 말씀이 늘 시답지 않게 들린다. 그러면서 열심히 저울질을 한다. 설교자의 목소리나 말투 혹은 설교의 길이나 사용하는 언어와 내용을 가지고 저울질한다. 심지어는 설교자의 의상과 외모를 가지고도 저울질한다.

그리고 예배가 끝난 후 돌아갈 때는 문 앞에서 인사하는 목사에게 은혜 많이 받았다고 거짓 인사를 한다. 특별이 할 말이 없기 때문에 의례적으로 하는 인사일 뿐이다. 어리석은 목사는 속사정도 모르고 자신이 설교를 진짜 잘한 줄 알고 착각하기도 할 것이다.

요즘은 설교 홍수 시대다. 방송매체를 통하여 하루에도 수십 편의 설교를 듣는다. 성도들은 수준 높은 설교를 원한다. 그러다 보니 저울질하는 사람이 점점 많아지고 있다. 설교를 더 이상 하나님의 음성으로 들으려 하지 않는다. 저울질하면서 자신의 지적 만족을 주는 설교를 계속 찾을 뿐이다.

셋째, 빈손으로 오는 사람이다. 이 사람은 영적인 일에 아무 관심도, 준비도 없다. 말씀을 들을 귀도 없고 그 말씀을 담을 마음도 없다. 이미 그의 귀는 세상 소리로 가득 차 있고 그의 마음은 다른 것으로 채워져 있다. 그래서 하나님의 말씀을 담을 공간이 전혀 없다. 이 사람에게 예배는 왔다 간다는 것 외에 아무런 의미가 없다.

예배 시간 내내 다른 생각을 한다. 하나님께는 아무 관심도 주지 않는다. 예배 후 무엇을 할 것인가, 점심은 어디에서 먹을 것인가 등 온갖 잡생각에 빠져 있다. 그렇지 않으면 지그시 눈을 감고 잠을 자 버린다. 강단에 있는 설교자가 자신이 자고 있는 것을 모를 것이라 착각하고 자유롭게 잠을 잔다. 그러나 미안하게도 강단에 서 있으면 성도들의 말씀 듣는 태도가 모두 보인다.

넷째, 빈 자루를 들고 오는 사람이다. 이 사람은 말씀과 은혜를 사모하는 마음을 가지고 있다. 말씀이 선포될 때마다 아멘으로 화답한다. 모든 말씀이 자신에게 주시는 하나님의 음성으로 들린다. 그리고 말씀을 빈 자루에 차곡차곡 담는다. 예배가 끝나고 달콤한 은혜의 냄새가 나는 말씀 자루를 어깨에 메고 세상을 향해 나아간다. 가정에서나 직장에서 자루에 담겨 있는 말씀을 꺼내 되새기면서 한 주간 동안 생활한다.

내가 어린 시절에는 뻥튀기 장수 아저씨가 동네를 순회했었다. 우리 동네 차례가 되면 동네 아이들은 잔치를 벌이듯 기뻐했다. 왜냐하면 유일한 간식거리가 생기기 때문이다. 자신의 순서를 기다려 자루 가득 뻥튀기를 담아 어깨에 메고 집으로 갈 때 자루에서 나는 기가 막히게 고소한 그 냄새는 어린 나에게 배부름을 주고 행복을 주었다.

집에 오면 어머니께서 뻥튀기를 많이 먹으면 밥맛을 잃는다며 벽장에 숨겨 두시고 하루에 서너 차례씩 자루가 빌 때까지 나누어 주셨다. 달포 동안의 시간은 뻥튀기 먹는 재미로 금방 지나가 버리곤 했다. 빈 자루에 말씀을 가득 담은 사람은 구수한 뻥튀기를 먹듯이 하나님의 말씀을 매일 먹는다. 말씀 묵상을 통해서 먹는 말씀은 다윗이 고백한 것처럼 송이꿀보다 더 달다.

꿈이나 환상을 통해 주시는 영상 메시지

하나님은 문자나 음성으로만 말씀하시면 우리가 지루해할까 봐 영상으로도 메시지를 보내 주신다. 영상 메시지란 꿈이나 환상을 통해서 주시는 메시지다. 물론 우리가 흔히 말하는 개꿈과는 다른 것이다.

성경의 많은 인물들에게 이 방법으로 말씀하신 하나님은 지금 우리 시대에도 동일하게 말씀하신다. 영상 메시지는 대부분 하나님이 앞으로 하실 일에 대하여 말씀하시는 방법이다. 야곱이 벧엘에서 보았던 환상, 요셉이 꾸었던 꿈, 바로가 꾸었던 꿈, 다니엘이 보았던 환상, 에스겔이 보았던 이스라엘의 회복을 위한 마른 뼈 환상과 마게도냐 복음화를 위하여 드로아에서 사도 바울에게 보여주신 환상, 밧모 섬에서 마지막 심판에 대하여 요한에게 보여주신 환상 등의 공통점은 예언적인 성격을 가지고 있다. 하나님이 그들을 통해서 하실 일들을 보여주신 것이다. 하나님은 불길한 징조로써 징계에 대한 말씀을 주시기도 하지만 대부분 회복과 비전에 대한 말씀을 주신다. 이것은 우리 개인에게도 그대로 나타난다.

어느 해 여름 중고등부 수련회를 준비하기 위하여 여러 날 동안 강단에 엎드려 기도한 적이 있다. 저녁 기도를 하고 있는데 하나님이 한 컷의 환상을 보여주셨다. 하얀 색의 초대형 모기장이 수련회 장소를 감싸고 있는 장면이었다. 이것이 무엇을 의미할까 궁금했다.

이윽고 수련회가 시작되었다. 첫날 저녁 집회가 시작되기 전 함께 교사로 봉사하던 모 선교단체의 중심 리더인 형제님이 찾아와 한마디 말을 건넸다. 그에 의하면 이번 수련회에 사탄의 방해와 역사가 크다는 것이다. 평소 그의 영성을 알고 있었기 때문에 실언은 아니라고 생각했다. 나는 그 말을 듣고 긴장해야 했다. 그러면서 하나님이 보여주신 환상의 의미를 깨달을 수 있었다. 사탄의 역사가 크지만 하나님이 우리의 수련회를 보호하고 책임져 주겠다는 의미였다. 나는 다시 용기를 얻고 2박 3일의 수련회를 진행했다. 그 기간 동안 정말 사탄의 역사가 컸었다. 그러나 교사나 학생들이 받은 은혜는 더 컸다. 하나님은 환상으로 보여주신 대로 수련회를 책임져 주셨다.

남양주 온누리교회를 개척하기 전 성도들과 함께 현지 집사님 사무실에서 수개월 동안 매일 새벽기도회를 가졌다. 하나님의 교회를 세울 것이라는 기대감과 소망으로 많은 성도가 열심히 참석했다. 그런데 말씀을 마치고 기도를 할 때마다 하나님은 나에게 한 컷의 환상을 보여주셨다. 크지도 않은, 그러나 세련되게 실내장식이 된 예배당에서 성도들과 가까이 서서 눈을 마주치며 설교하고 말씀을 가르치는 장면이 계속 보였다. 기도할 때마다 말씀을 듣는 성도들도 많아 보였다.

그러면서 많은 수고 끝에 교회 건물을 얻게 되었다. 개척 예배 날짜가 정해지고 예배당 공사가 마무리되었다. 이윽고 창립예배를 시작으로 주일예배와 수요성경공부가 시작되었다. 어느 날 강단에서 말씀을 전하는데 나 혼자 깜짝 놀랐다. 새벽기도 때마다 환상으로 보여주셨던 그 장면이 그대로 현실에서 이루어지고 있었기 때문이었다. 교회 내부의 모습도, 말씀을 전하는 나와 듣는 성도들의 모습도 완전히 똑같았다. 하나님은 나를 통해서 말씀 중심의 교회를 세워 갈 것을 미리 보여주셨던 것이다.

나에게는 환상을 보면서 기도하는 기쁨이 있다. 목회를 위하여 또는 개인의 삶을 위하여 기도하면서 비전을 품거나 프로젝트를 계획하면 하나님은 꼭 환상을 통해 그것이 어떻게 이루어질 것인지 계속 보여주신다.

그런 일들을 위하여 기도할 때마다 먼저 환상을 통해서 그것이 하나님의 뜻임을 확신시켜 주심은 물론 결과도 보여주신다. 그래서 기도할 때마다 환상을 보는 기쁨과 계획한 일들이 이루어질 것이라는 확신을 갖게 된다. 그리고 하나님이 보여주셨던 그림대로 일들이 진행되는 것을 볼 때마다 항상 놀란다.

그리스도인들 중에 자신이 꾼 꿈이나 환상에 대해서 궁금증을 가지고 있는 사람이 많다. 하나님이 보여주신 것인지, 아니면 그냥 꾸었거나 본 것인지 알고 싶어서 목회자에게 해석을 의뢰하기도 한다. 그러나 말씀을 통해서 하나님의 음성을 듣는 일이 익숙해진 사람은 꿈이나 환상을 통해서 주시는 하나님의 음성도 쉽게 분별할 수 있게 된다.

사건이나 사고를 통해 주시는 동영상 메시지

하나님은 시대 변화에 발맞추어 말씀하시는 것 같다. 영상 시대가 지나 동영상 시대가 오니 하나님도 동영상으로 말씀하시기 때문이다. 동영상 메시지란 우리가 일상생활 속에서 경험하는 크고 작은 사건이나 사고를 통해서 말씀하시는 것이다.

우리 삶에는 우연이란 없다. 모든 것이 하나님의 섭리 가운데 진행된다. 그만큼 하나님은 우리 인생을 치밀하게 계획하시고 인도하신다. 그러므로 우리가 당하는 모든 고난에는 하나님의 메시지가 담겨 있다. 하나님은 우리를 드라마의 주인공이 되게 하셔서 우리에게 필요한 말씀을 주신다.

어느 날 밤 교인 한 분에게서 다급한 전화가 걸려 왔다. 직원 한 사람이 꽤 큰돈을 가지고 도망을 갔다는 것이다. 그래서 기도를 부탁하기 위하여 전화한 것이었다. 전화로 위로의 말을 하고 기도해 주었다.

나는 수화기를 놓은 후 그 가정이 이 일을 통해서 하나님의 음성을 듣게 해 달라고 다시 기도했다. 하나님 앞에서 회개할 것이 무엇인지 깨닫게 해 달라고 기도했다. 나는 그 가정과 몇 년 동안 신앙생활을 함께하면서 헌금하는 것을 본 적이 없었다. 수입이 없어서 못하는 것이 아니라 수입이 있는데도 하지 않았던 것이다. 그래서 언젠가는 하나님이 일괄 정산하실 때가 올 텐데 하고 염려하는 마음이 내게 있었다. 그런데 바로 그날이 온 것이었다. 하나님은 물건의 고난을 통해서 그 가정에 하나님의 것을 분명하게 구별해 드리라는 메시지를 주신 것이다.

뜻하지 않은 금전적인 손해를 보는 경우가 있다면 하나님이 통합 계산을 하신 것은 아닌지 돌이켜 보는 것이 좋다. 그러나 안타깝게도 그 가정은 이 일을 통해서 하나님의 음성을 듣지 못했다. 여전히 도망가 버린 직원만 원망하며 살았다. 고난이 고생으로만 끝나 버리고 만 것이다.

또 한 가정이 있었다. 이들도 위에서 말한 것과 비슷한 어려움을 당했다. 그러나 이 집사님 부부는 왜 하나님이 이런 시험을 당하게 하시는지 영적 의미를 찾으려고 애썼다. 상황을 믿음으로 대처한 것이다. 집사님 부부는 그 직원을 소개해 준 사람에게 상황을 알려 주었더니 그 사람은 도망간 사람의 오빠에게 연락을 취했다. 그러자 그 오빠가 스무 시간 넘게 기차를 타고 찾아왔다. 그리고 자신이 가지고 있는 최선의 돈을 가지고 보상금으로 내놓는 것이었다.

집사님 부부는 오빠의 행동에 감동을 받았다. 그리고 하나님이 이 가정을 구원하시려고 고난을 주셨다고 생각했다. 그래서 오빠의 돈을 거절하고 오히려 먼 곳까지 와 준 것에 대하여 크게 감사를 했다. 그러면서 전도의 기회로 삼았다. "우리는 예수님을 믿는 그리스도인이기 때문에 모두 용서합니다. 한 가지 부탁이 있다면 고향에 돌아가셔서 예수님을 믿고 교회를 다니시면 좋겠습니다." 그 오빠도 감동을 받고 교회 다닐 것을 약속하고 집으로 돌아갔다. 나는 분명히 그 사람이 예수님을 믿을 것이라고 확신한다.

두 가정을 비교해 보면 비슷한 고난을 당했는데 그 고난을 대처하는 방법이나 고난이 주는 결과는 확연히 다른 것을 볼 수 있다.

그러므로 우리가 고난을 당할 때마다 조심할 것은 절망하거나 사람을 원망하는 일, 더 나아가서 하나님을 원망하는 일이다. 특히 입술로 죄를 짓는 일을 주의해야 한다. 이것은 하나님의 음성을 듣지 않기 위하여 귀를 막아 버리는 행위다.

고난을 어떻게 대처하느냐에 따라서 긍정적인 결과와 부정적인 결과를 초래한다. 하나님의 음성을 듣는 사람들은 고난을 당하면 고난의 의미가 무엇인지 찾으려 한다. 고난의 원인을 제공한 사람을 보기보다는 고난을 허락하신 하나님을 향하여 눈을 돌리는 것이다. 하나님은 회개를 시키실 때나 인격성숙 훈련이 필요할 때 고난이라는 방법을 사용하신다. 그리고 하나님만 신뢰하는 믿음훈련이나 고난 중에라도 하나님의 뜻에 순종할 줄 아는 훈련이 필요할 때 우리를 고난의 상황으로 인도하신다. 때로는 우리의 믿음을 테스트할 때도 고난을 사용하신다.

그러므로 그분이 나를 위해서 어떤 일을 계획하시든 상관없이 하나님을 절대적으로 신뢰하는 믿음을 가지고 있다면, 고난의 의미를 찾는 것이 중요하다. 그리스도인이라고 해서 고난에서 제외되는 것이 아니다. 누구든지 일생을 살면서 고난은 반드시 당하게 되어 있다는 사실을 이해해야 한다.

C국에서 선교사로 사역하면서 많은 어려움을 경험했다.

한국에서는 상상할 수도 없는 다양한 고난과 핍박을 경험했다. 가끔 한국에 나올 때면 서울에서 만나는 성도들이 목사님은 전혀 고생하지 않고 사는 분 같다는 말을 많이 했다. 내 얼굴에서 고생이 보이지 않고 은혜가 보였기 때문이다.

성도들 생각에 선교사들은 기본적으로 어려운 환경에서 살기 때문에 적당히 촌스럽고 고생한 흔적이 있어야 한다는 고정관념이 있는 것 같다. 물론 그런 선교사들이 없는 것은 아니다. 그러나 나는 그럴 수 없었다. 왜냐하면 내가 당하는 고난의 의미를 알기 때문이요, 더 나아가서 고난을 즐길 수 있었기 때문이었다. 하나님이 선교지에서 내게 주신 선물이 바로 고난의 기쁨과 감사였다. 고난 속에서 하나님의 음성을 들을 수 있다는 것은 복 중의 복이다.

고난의 의미를 찾게 되면 고난이 더 이상 고난으로만 보이지 않는다. 그러면서 동시에 고난 뒤에 있게 될 하나님이 준비하신 선물이 보인다. 고난을 믿음으로 잘 감당하면, 아니 고난 속에서 하나님의 음성을 듣게 되면 고난은 우리의 신앙과 인격을 성숙하게 만들어 준다. 그리고 그 성숙은 얼굴에서 은혜의 빛으로 나타난다. 많은 고난과 어려움 속에 살았으면서도 얼굴에서 고난의 흔적보다는 평강이 보이는 사람들이 많다.

그러나 고난을 잘못 감당하면 결과도 다르게 나타난다. 고난 속에서 하나님의 음성을 듣지 못하면 심령이 눌리기 시작하고 절망과 분노와 원망이 그 마음을 사로잡게 된다. 이런 사람들은 고난을 통해서 아무런 유익도 얻지 못하고 마음만 강퍅해지고 만다.

고난이 고생으로만 끝나 버리고 만다. 고난을 당한 것도 억울한데 그 결과까지도 고생으로 마무리된다면 이 얼마나 안타까운 일인가? 그리고 그 강퍅함은 얼굴에 나타나게 되어 있다. 얼굴은 우리의 마음을 대신하기 때문이다.

신앙은 고난을 통해서 성장할 수도 있고 도태할 수도 있다. 어떻게 영적 의미를 깨달았느냐, 하나님의 음성을 들었느냐에 따라서 고난이 주는 선물은 다를 것이다. 은혜로운 얼굴이 될 수도 있고 고생에 찌든 얼굴이 될 수도 있다.

요셉이 형들을 용서하고 품을 수 있었던 것은 자신이 당한 고난에 대한 영적 의미를 깨달았기 때문이다. 형들이 자신을 판 것이 아니라 가족 구원을 위하여 하나님이 자신을 먼저 애굽으로 보내셨다고 그는 정리했다(창 45:4-8). 그 결과 형들에 대하여 미움과 원망 혹은 복수가 없었던 것이다. 그는 복수를 위하여 이를 갈다가 이를 상하게 하는 일도 없었다. 복수를 위하여 마음속에서 칼을 갈다가 위장을 다치는 일도 없었다. 요셉의 고생은 더 이상 고생이 아니라 축복이었다.

자신의 고난이 하나님의 거룩한 계획 속에 있었음을 발견하는 순간 그는 원수 같은 형들을 사랑할 수 있었다. 고난의 영적인 의미를 모르고 세상을 사는 것이 진짜 고난이다.

이 땅을 살면서 우리가 당하는 크고 작은 고난들은 하나님이 묵상을 통하여 주신 말씀을 실습하는 기회다. 고난의 현장은 말씀대로 실습해 보는 현장이다. 실패했을 때나 실직했을 때, 억울한 일이나 황당한 일을 당했을 때, 절망스러운 일들이나 손해 보는 일을 당했을 때 염려하거나 걱정에 빠지지 말고 빌립보서 4장 6-7절(아무것도 염려하지 말고 오직 모든 일에 기도와 간구로, 너희 구할 것을 감사함으로 하나님께 아뢰라 그리하면 모든 지각에 뛰어난 하나님의 평강이 그리스도 예수 안에서 너희 마음과 생각을 지키시리라) 말씀대로 그 상황에서 하나님께 감사할 것이 무엇인지 세 가지 이상을 찾아서 감사를 드려 보라. 어느 상황에 처하든지 간에 말씀대로 해 보는 것이다. 그러고 나서 하나님이 어떻게 문제를 풀어 가시는지를 보라. 하나님이 말씀하신 대로 풀어보는 기회로 삼아라. 그러면 하나님이 고난의 의미를 알게 하실 것이다. 그리고 고난을 감당할 수 있는 믿음도 주실 것이며, 문제를 풀어 갈 수 있는 길도 열어 주실 것이다.

다시 한 번 강조한다. 우리가 당하는 모든 고난은 말씀대로 해결해 보라고 하나님이 주시는 기회인 것을 기억하라. 하나님은 지금도 계속해서 우리를 고난 속의 주인공이 되게 하셔서 하실 말씀을 하고 계신다.

한 형제가 자신의 불같은 성격 때문에 늘 고민했다. 그는 하나님께 기도할 때마다 자신의 성품을 화내지 않는 온유한 성품으로 바꾸어 달라고 간구했다. 그러나 그의 성품에는 아무런 변화가 일어나지 않았다. 어느 날 교회에서 예배를 드리고 돌아가는 길에 주차장에서 사소한 일로 화를 내고 말다툼을 했다. 잠시 후 화가 수그러들자 자신의 그런 모습이 너무도 싫어짐과 동시에 이번에는 자신에게 화가 났다. 그래서 다시 교회로 들어가 하나님께 항의하듯 기도했다. 자신의 성품을 온유한 사람으로 만들어 달라고 기도했는데 왜 하나님은 자신을 그냥 가만히 두고 계시느냐며 따지듯이 기도했다.

그러자 하나님이 "너의 성품을 온유하게 만들어 주기 위하여 화날 수밖에 없는 상황 속에 너를 있게 하는 것이다"라고 말씀하셨다. 도전이 없으면 응전이 없듯이 아무 일도 벌어지지 않으면 성품이 변할 수 없다. 분노할 수밖에 없는 상황에 있어야 분노하지 않는 훈련을 받을 수 있는 것이다. 그러므로 고난 속에는 항상 나를 향하신 하나님의 강력한 사랑의 메시지가 있음을 알아야 한다.

경배와 찬양을 통해 주시는 음향 메시지

핸드폰을 사용하는 사람들에게 음악은 절대적이다. 연령을 초월해서 많은 사람들이 MP3를 이용하여 음악을 즐긴다. 옛날처럼 전축이나 오디오 앞에 가지 않아도 작은 물건 하나만 있으면 어디에서든지 녹음된 음악을 들을 수 있다. 하나님이 즐겨 사용하시는 또 하나의 방법이 음향 메시지를 주시는 것이다. 음향 메시지란 경배와 찬양을 통해서 주시는 음성을 말한다.

그리스도인들에게서 찬양은 절대적이다. 음악이 인간의 삶에 풍요로움을 가져다주듯이 찬송은 우리들에게 위로와 회복을 가져다준다. 찬양은 하나님을 영화롭게 해 드리는 좋은 방법인 동시에 하나님의 음성을 듣는 방법이기도 하다. 찬송은 하나님께는 영광이요, 부르는 자에게는 치유를 준다. 유행가는 부르면 부를수록 사람의 감정을 우울하게 만든다. 그리고 대부분의 가사가 이루어질 수 없는 사랑이나 해서는 안 되는 사랑에 대한 것들이다. 그러다 보니 들을수록 마음에 병을 가져다준다.

그러나 찬송은 다르다. 하나님은 찬송하는 자의 마음을 만지신다. 특히 감정을 만지신다. 상한 마음에 위로의 약을 주사하신다. 바울과 실라가 빌립보에서 매를 맞고 감옥에 갇혔을 때 기도와 찬송으로 위로받은 것을 생각해 보라. 아니 위로의 수준을 넘어서서 옥문이 열리는 기적이 일어났던 것을 생각해 보라. 찬송은 기적을 낳는 힘이 있다. 그래서 찬송은 부르면 부를수록 좋다. 가끔 목사로서 부족한 설교 한 편보다 은혜로운 찬송 한 곡이 성도들에게 더 큰 은혜를 줄 수 있다는 생각을 할 때가 있다. 그만큼 찬양은 우리의 심령을 만져 주는 능력을 가졌기 때문이다. 찬양을 부름으로써 내 심령이 하나님을 향하여 열리면 열릴수록 성령의 터치가 강하게 일어나는 것이다.

C국에서 선교사로 사역을 할 때 하나님은 내 입에서 불리는 찬송을 통하여 많은 위로를 주셨다. 외국 선교사가 현지 교회 목회자들을 말씀으로 훈련하는 일은 위험천만한 일이었다. 만약 현장이 발각되면 그들이 당할 고초는 말할 것도 없고 내가 당할 고통 역시 클 수밖에 없다.

한 번 모일 때마다 며칠 동안 함께 먹고 자면서 성경을 가르쳤다. 보안이 유지될 수 있는 장소에서 모임을 가졌지만 시작부터 끝까지 긴장은 계속될 수밖에 없었다. 계획된 내용이 마무리되면 조용히 그 자리를 빠져나와 짧으면 다섯 시간, 길면 열다섯 시간 기차를 타고 집으로 돌아왔다.

하나님의 위로는 바로 기차 위에서 부어지기 시작했다. 기차에 오르는 순간 들키지 않고 사역을 마무리했다는 안도감과 사도 바울처럼 나도 쓰임 받았다는 감사가 마음에 충만해졌다.

내 입에서는 창밖을 내다보며 혹은 침대에 누워서 자연스럽게 찬송이 나왔다. 한곡 두곡 작은 소리로 부를 때마다 성령님은 "사랑하는 아들아, 참 잘했다. 참으로 훌륭한 일을 했다. 나를 위해서 위험을 무릅쓰고 수고했다. 내가 원하는 일을 네가 해 주었다" 등의 온갖 표현을 사용하시면서 격려와 위로를 주셨다. 하나님은 음향 메시지를 통해 대부분 이런 내용을 말씀해 주셨다.

어느 주말 오후 성령수련회 강의를 하기 위하여 먼 길을 떠났다. 당시 교회 안에서 일어난 어려운 일들 때문에 마음이 답답하고 속이 상한 상태에 있었다. 사람에 대한 아픔도 있었다. 운전대를 잡고 얼마의 길을 가다가 하나님을 찬양하기 시작했다. 내가 주님께 내 마음을 고백할 때 즐겨 부르는 찬양을 불렀다. "주를 향한 나의 사랑을 주께 고백하게 하소서"

한 곡이 채 끝나기도 전에 하나님은 메시지를 주셨다. "너의 수고를 나도 안다. 내가 너와 함께 있다. 용기를 내거라. 너 혼자 어려움을 푸는 것이 아니다. 내가 너와 함께 풀어 간다." 이때 성령님이 내 마음을 만지고 계셨다. 담대함과 용기를 주사하고 계셨다. 1박 2일 동안 진행된 성령수련회는 이전의 수련회보다 성령의 역사가 더 크게 일어났다. 하나님은 자녀들에게 위로와 소망을 주실 때 종종 음향 메시지를 사용하신다.

양심이나 생각을 통해 주시는 직접 메시지

하나님은 급하다고 생각하실 때 또는 우리가 지금 꼭 해야 할 일을 지시하실 때 직접 메시지를 보내신다. 우리의 양심이나 생각을 통해서 짧게 한두 문장으로 말씀하신다. 성경의 인물들을 보면 예언자들이 등장하기 전까지는 직접 하나님의 메시지를 들었다.

"아담아, 네가 어디 있느냐?"(창 3:9). "아브라함아, 내가 지시할 땅으로 가라"(창 12:1). "야곱아, 지금 일어나 이곳을 떠나서 고향으로 돌아가라"(창 31:13). "모세야, 지팡이를 들고 손을 바다 위로 내밀어 그것으로 갈라지게 하라"(출 14:16). "빌립아, 남으로 향하여 예루살렘에서 가사로 내려

가는 길까지 가라"(행 8:26). 이외에도 대부분 성경에 등장하는 인물들은 하나님이 주시는 직접 메시지를 듣고 살기도 하고 해야 할 일을 하기도 했다.

C국에서 사역할 때 나를 훈련시킨 한 선교사가 있었다. 그를 통해서 훈련받은 것은 좋지만 다시는 만나기 싫은 사람이었다. 따라서 내 마음은 자연스럽게 그에 대한 미움으로 차 있었다. 아니 미움 주머니가 아예 자리를 잡고 있었다. 오랜 시간 이러한 마음을 가졌었다. 그런데 어느 날 하나님이 "너는 내가 사랑하고 있는 그를 왜 미워하고 있느냐?"라고 또렷하게 말씀하셨다. 내가 미워하는 사람을 하나님도 미워하실 줄 알았는데 그분은 나와 생각이 다르셨다. 순간 내 모습이 너무 부끄러웠다. 그리고 더 이상 그를 미워할 수 없었다. 미워할 수밖에 없는 조건이 있음에도 불구하고 미워할 수 없었다. 그때부터 사람 미워하는 것을 포기하는 법을 배웠다.

한때는 목사이면서도 무엇을 먹을까, 무엇을 입을까, 무엇을 마실까로 고민한 적이 있었다. 이때 나의 믿음 수준은 평신도보다 나은 것이 없었다. 그런데 어느 날 하나님이 직접 말씀을 주셨다. "믿음은 두었다 무엇할 거냐?" 더 이상 먹는 문제로 고민하지 말고 믿음으로 살라고 말씀하신 것이다. 이때부터 나는 믿음으로 산다는 것이 무엇인지 깨닫기 시작했다. 그리고 지금도 믿음의 결과로 기적을 체험하면서 살고 있다.

제주 서귀포에서 큐티 세미나를 가질 때였다. 그 지역에서 처음 열린 세미나인지라 많은 사람이 참석했다. 이틀 동안의 프로그램을 마치고 호텔에 돌아와 쉬고 있을 때 하나님이 직접 메시지를 주셨다. "스태프들이 수고를 많이 했으니 강사료 중에서 일부를 떼어 격려해 주거라." 그 메시지를 듣는 순간 내 마음에도 기쁨이 생겼다.

다음날 아침 말씀하신 대로 나는 순종했다. 특히 더 재미있는 일은 아내와 부부싸움을 하고 나면 항상 하나님이 "네가 져 주어라. 네가 져 주어라"고 말씀하신다. 그러니 어떻게 내가 이길 수 있는가? 그래서인지 오늘까지 내가 이겨 본 적이 한 번도 없다.

지금까지 내 경험에 의하면 결단을 요구하실 때나, 남에게 내가 가진 것을 베풀게 하실 때 종종 직접 메시지를 주신다.

믿음의 사람이나 경건 서적을 통해 주시는 간접 메시지

하나님은 두 가지 루트를 이용해서 간접 메시지를 주신다. 첫째는 성숙한 믿음의 사람을 통해서 메시지를 주신다. 그러나 이것은 다소 위험성이 있기 때문에 성경말씀이나 목회자에게 확인을 받는 것이 필요하다.

어떤 자매님이 이혼 문제를 놓고 고민하다가 같은 교회를 다니는 사람에게 상담을 했다. 그가 내려 준 결론은 이혼하라는 것이었다. 자매님도 정황상 이혼을 할 수밖에 없다고 생각해 결국 헤어지고 말았다. 그런데 문제는 그 후부터 시작되었다. 나를 찾아와 자신의 괴로움을 호소하는 그녀의 모든 이야기를 듣고 보니 결론은 이혼을 하면 안 된다는 것이었다. 이혼하라는 권고는 분명히 하나님의 음성이 아니었다.

교회 안에서 보면 믿음 좋고 기도 많이 한다는 사람이 제자 그룹을 만들어 그들의 삶에 깊이 간섭하는 사람이 있다. 그런 사람은 기도하고 환상을 보았다거나 예언을 해서 제자 그룹에 속한 사람들을 꼼짝 못하게 만든다. 시간이 지나면서 많은 부작용이 생기는 것을 본다. 자신의 소리를 하나님의 음성이라고 선포하는 사람들을 조심해야 한다. 사람의 소리는 참고만 할 뿐 하나님 말씀처럼 믿어서는 안 된다. 어떤 충고나 조언을 들었다면 하나님 말씀으로 분별해 볼 필요가 있다.

둘째는 훌륭한 경건 서적을 통해서 말씀하신다. 신앙서적들은 다른 사람들의 영적 경험을 간접적으로 체험할 수 있는 좋은 통로가 된다. 한 달에 한 권 정도씩 책을 가까이한다면 하나님이 다양한 내용의 말씀들을 간접적으로 주실 것이다.

대학생 때 내 인생을 바꾸어 준 책이 몇 권 있었다. 그리스도인으로 어떻게 살아야 할까? 목사가 될 사람으로서 어떻게 생활해야 할까? 어린 나이였지만 성숙한 생각을 했었다. 그때 『예수님이라면 어떻게 하실까』라는 책을 읽었다. 그때부터 내가 처하는 모든 일 앞에서 이 질문을 먼저 던졌다. "예수님이라면 이 상황을 어떻게 풀어 가셨을까?" 하나님은 그 책을 통해서 내가 예수님 중심으로 생각하고 사는 사람이 되게 하셨다.

또 한 권의 책이 있다. 그때 나는 하나님의 사랑을 어떻게 느끼고 설명할 수 있을지 궁금한 것이 많았다. 그런데 『참 사랑은 그 어디에』라는 작은 책 한 권이 내 궁금증을 완전히 해결해 주었다.

세 가지 사랑 이야기를 설명하면서 하나님의 사랑이 무엇인지 확실하게 알게 해 주었다. 하나님은 그 책을 통해서 당신의 사랑을 알게 해 주신 것이다.

마지막으로 한 권을 더 소개하고 싶다. 이것도 역시 작은 책이다. 그러나 영향력이 강한 내용을 담은 책이다. 주님과 나 사이에 분명히 해야 할 것이 주권(Lordship) 문제다.

『내 마음 그리스도의 집』이라는 책은 바로 그 문제를 정확하게 정리할 수 있도록 도움을 주었다. 하나님은 그 책을 통해서 내 삶의 주권 문제를 정리하게 하셨다. 하나님의 음성을 듣는 사람들은 신앙서적 읽는 기쁨을 안다.

이 땅을 살면서 우리가 당하는 크고 작은 고난들은 하나
님이 묵상을 통하여 주신 말씀을 실습하는 기회다. 고난
의 현장은 말씀대로 실습해 보는 현장이다. 실패했을 때
나 실직했을 때, 억울한 일이나 황당한 일을 당했을 때,
절망스러운 일들이나 손해 보는 일을 당했을 때 염려하거
나 걱정에 빠지지 말고 그 상황에서 하나님께 감사할 것
이 무엇인지 세 가지 이상을 찾아서 감사를 드려 보라. 어
느 상황에 처하든지 간에 말씀대로 해 보는 것이다. 그러
고 나서 하나님이 어떻게 문제를 풀어 가시는지를 보라.

하나님이 보내 주시는 일곱 가지 메시지

첫째, 하나님은 성경을 통해 문자 메시지를 보내 주신다.
매일은 아닐지라도 지속적으로 큐티를 통해서 하나님의 문자 메시지를 받으면 분명 우리에게 말씀하시는 그분의 음성을 들을 수 있다.

둘째, 하나님은 선포되는 설교를 통해 음성 메시지를 보내 주신다.
예배를 드리기 위하여 교회에 왔을 때 해야 할 중요한 기도 중 하나가 "하나님, 오늘도 목사님을 통하여 말씀해 주시옵소서. 제가 듣겠나이다"이다.

셋째, 하나님은 꿈, 환상을 통해 영상 메시지를 보내 주신다.
하나님은 앞으로 하실 일에 대하여 꿈이나 환상으로 보여주신다. 말씀을 통해 하나님의 음성을 듣는 일이 익숙해진 사람은 꿈이나 환상을 통해서 주시는 하나님의 음성도 쉽게 분별할 수 있다.

넷째, 하나님은 사건이나 사고를 통해 동영상 메시지를 보내 주신다.
우리가 당하는 모든 고난에는 하나님의 메시지가 담겨 있다. 이 모든 고난은 하나님이 주시는 기회이다. 하나님은 지금도 계속해서 우리를 고난 속의 주인공이 되게 하셔서 하실 말씀을 하고 계신다.

다섯째, 하나님은 경배와 찬양을 통해 음향 메시지를 보내 주신다.

그리스도인들에게서 찬양은 절대적이다. 음악이 인간의 삶에 풍요로움을 가져다주듯이 찬송은 위로와 회복을 가져다준다. 찬양은 하나님을 영화롭게 해 드리는 좋은 방법인 동시에 하나님의 음성을 듣는 방법이기도 하다.

여섯째, 하나님은 양심이나 생각을 통해 직접 메시지를 보내 주신다.

하나님은 급하다고 생각하실 때 또는 우리가 지금 꼭 해야 할 일을 지시하실 때 직접 메시지를 보내신다. 우리의 양심이나 생각을 통해서 짧게 한두 문장으로 말씀하신다.

일곱째, 하나님은 믿음의 사람이나 경건 서적을 통해 간접 메시지를 보내 주신다.

하나님은 두 가지 루트를 이용해서 간접 메시지를 주신다. 첫째는 성숙한 믿음의 사람을 통해서 메시지를 주신다. 둘째는 훌륭한 경건 서적을 통해서 말씀하신다.

05

하나님이 보내시는
문자 메시지 묵상

큐티란 기록된 말씀을 가지고 하나님과 교통하는 시간을 말한다.

큐티란 성경말씀을 가지고 하나님과 인격적인 만남을 갖는 시간이다.

그러므로 하나님의 음성을 듣는 사람들은 매일 말씀을 통해서 하나님을 만나야 한다.

하나님도 우리에게 기대하시는 것이 있다. 우리가 그분의 뜻을 헤아려서 해 주길 원하시는 일들이 있다. 이것을 비전이라고 부른다. 말씀 묵상을 깊이 하면 하나님의 마음을 발견하게 되고 동시에 말씀 속에서 그분을 위해서 내가 해야 할 일이 보인다. 그래서 묵상하는 사람은 하나님의 비전을 품게 된다. 하나님의 구원 역사는 하나님과 같은 비전을 가진 사람들에 의하여 성취된다.

큐티는 묵상하는 것입니다

하나님은 성경 속의 다양한 상황과 말씀을 통해서
우리가 해야 할 일이 무엇인지 계속 보여주신다.

묵상에 필요한 성경의 배경

이제부터 다시 성경말씀으로 우리의 관심을 돌려 보자. 하나님이 자녀들에게 말씀하시는 방법 중에서 가장 정확하고 자주 사용하시는 것이 바로 문자 메시지기 때문이다.

큐티란 기록된 말씀을 가지고 하나님과 교통하는 시간을 말한다. 큐티란 성경말씀을 가지고 하나님과 인격적인 만남을 갖는 시간이다. 그러므로 하나님의 음성을 듣는 사람들은 매일 말씀을 통해서 하나님을 만나야 한다.

큐티 세미나를 진행해 보면 많은 사람이 어려움을 호소한다. 큐티를 하기 위하여 막상 본문을 읽고 나면 어떻게 하나님의 음성을 들어야 하는지 모르겠다는 것이다. 보통 본문을 읽다가 마음에 깨달음을 주시는 것이 하나님의 음성이라 생각하고 그것만 붙잡으려고 한다. 물론 그것도 틀린 것은 아니다. 그러나 자신의 깨달음에만 의존하면 자칫 편식을 하기 쉽다. 하나님의 음성을 듣는 것이 아니라 자신이 듣고 싶은 말씀만 듣게 되는 실수를 범할 수 있다는 것이다. 그래서 본문을 통해서 구체적으로 다양하게 말씀하시는 하나님의 음성을 듣기 위해서는 훈련이 필요하다.

성경을 보면 몇 가지로 그 형식이 구별된다. 창세기부터 에스더까지는 이야기 중심으로 전개되어 있고(역사서), 욥기부터 아가서까지는 지혜와 시로 구성되어 있다(시가서). 이사야부터 말라기까지는 하나님이 앞으로 하실 일에 대한 내용이 기록되어 있다(예언서). 마태복음부터 요한복음까지는 예수님이 하신 말씀과 행하신 일들을 기록하고 있으며(복음서), 사도행전은 성령께서 복음을 확장해 가시는 내용을 담고 있다(역사서). 마지막으로 로마서부터 요한계시록까지는 편지들로써 신앙과 삶에 대한 내용을 기술하고 있다(서신서).

묵상을 위하여 성경을 읽을 때 먼저 본문이 어떤 내용을 담고 있는지를 아는 것이 중요하다. 본문을 통해서 하나님의 음성을 더 깊게 들으려면 성경이 쓰인 배경을 아는 것이 큰 도움이 된다.

이야기 중심의 역사서

모세 오경과 역사서는 이야기 중심으로 전개되고 있기 때문에 묵상하기가 어렵지 않다. 묵상을 위하여 성경을 읽을 때 다음과 같은 몇 가지 내용을 염두에 두고 읽으면 본문을 이해하는 데 도움을 준다. 역사서는 항상 사건이 전개된다. 그리고 그 사건에는 등장하는 인물들이 있다. 성경을 읽을 때 그들이 신앙적으로 행동하는지, 불신앙적으로 행동하는지를 보라. 그리고 각각의 행동들이 어떤 결과를 초래했는지 살피면서 읽어 보라.

하나님은 그 사건의 결론을 어떻게 평가하고 계시며 어떻게 역사를 주도하고 계신지 살펴보라. 하나님은 사건의 결과를 통해서 우리에게 말씀하기도 하시고, 등장인물의 행동을 통해서 말씀하기도 하신다. 그리고 그 사건이 처리되는 과정에서 하나님이 어떤 분인지를 알려 주시기도 한다.

창세기 3장을 예로 들어 보자. 사건의 내용은 에덴에서의 반역이다. 사건 속에 아담과 하와라는 두 인물이 등장한다. 이들은 불신앙과 불순종을 했다. 그 결과 수치심이 생겨 본인들의 몸을 숨기게 되었고 하나님이 두려워 숨기도 했다. 이것은 모두 죄의 결과였다.

이들은 또 자신들의 죄를 인정하지 않고 책임을 전가하는 행동을 보였다. 결과적으로 하나님은 여자에게는 해산의 고통을, 남자에게는 노동의 고통을 주셨고, 선악과를 먹으면 정녕 죽으리라고 말씀하신 대로 그들에게 에덴에서 쫓겨나는 벌을 주셨다. 하나님은 말씀하신 대로 행동하시는 분이었다.

역사서는 어느 본문을 펼쳐 보아도 이와 비슷한 구조를 가지고 있기 때문에 앞에서 제시한 힌트를 알면 깊은 묵상으로 들어갈 수 있다.

욥기부터 아가서까지 다섯 권의 책은 하나의 시리즈로 연결되어 있다. 의인에게 왜 고난이 있는가? 경건하게 사는 사람들에게 왜 고통이 있는가? 이것이 욥기서의 내용이다. 그리고 고난당하고 있는 사람이 해야 할 일은 하나님을 찬송하고 감사하며 기도하는 것이다. 이것이 시편의 내용이다. 고난당할 때 찬송하고 기도하면 지혜를 얻는다. 지혜란 하나님이 하나님 되심을 알고 믿는 것이다. 이것이 잠언의 내용이다. 지혜를 얻은 사람들은 헛된 행동을 하면서 인생을 살지 않는다. 이것이 전도서의 내용이다. 헛되게 인생을 살지 않는 사람은 하나님과 깊은 사랑의 관계에 빠지게 된다. 이것이 아가서다.

이런 힌트를 알고 나면 각 책을 읽을 때 무엇에 관심을 두고 읽어야 하는지 도움이 된다. 욥기서는 신앙과 고난의 관계 그리고 하나님의 섭리가 어떻게 전개되고 있는지를 생각하면서 읽는 것이 좋다. 시편은 시인이 어느 환경에 처해 있으며 그 상황에서 하나님을 어떻게 찬양하고 있고, 감사하며 간구하고 있는 내용이 무엇인지를 생각하면서 읽는 것이 좋다. 잠언은 인생을 살아감에 있어서 필요한 지혜가 무엇인지 생각하면서 읽는 것이 좋다. 전도서는 인생을 헛되지 않게 살기 위해서 내가 해야 할 일이 무엇인지를 생각하면서 읽는 것이 좋다.

마지막으로 아가서는 내용을 묵상하기가 쉽지 않다. 왜냐하면 사랑에 대한 너무 깊은 이야기를 하고 있기 때문이다. 특히 선정적인 묘사들을 읽고 무슨 영감을 얻을 수 있을까 고민하는 사람들이 많다. 그러나 아가서의 배경을 이해하면 문제는 간단하다. 솔로몬과 여인 사이의 막힐 것이 없는 깊은 사랑의 관계는 하나님과 우리 사이의 완전한 사랑을 묘사하고 있는 것이다. 여인을 향한 사랑 고백은 바로 우리를 향하신 하나님의 마음을 보여주고 있다. 그러므로 아가서는 하나님의 사랑을 생각하면서 읽는 것이 좋다.

하나님의 징계와 회복의 말씀, 예언서

큐티를 하는 사람들이 가장 어려워하는 본문이 바로 예언서다. 그래서 예언서를 묵상하기 전에 알아 두면 좋은 힌트가 있다. 17권이나 되는 예언서가 어느 시대 어느 왕 때 기록되었는지를 아는 것이 중요하다. 예언서는 이스라엘을 칭찬하기 위해서 기록한 것이 아니다. 그들은 허구한 날 우상숭배와 불순종과 교만이라는 빅3 죄에 빠져 살았다. 하나님께 택함 받은 백성임에도 불구하고 전혀 택함 받은 자답게 살지 못했다. 그래서 하나님은 그들의 죄를 지적하시고 회개를 촉구하기 위해서 선지자들을 통해 예언하셨다. 그 예언 속에는 징계에 대한 말씀과 회복에 대한 말씀이 담겨 있다.

이스라엘 역사를 포로되기 전, 포로된 시기, 포로된 이후로 나눌 수 있다. 바벨론 포로가 되기 전 그들은 극한 타락에 빠져 있었다. 이때 하나님은 이사야부터 에스겔, 다니엘을 제외한 학개 이전까지 12권의 선지서를 통해서 백성에게 계속 예언하셨다. "회개하고 나에게 돌아오라. 그러면 너희 조상에게 주었던 약속을 성취할 것이다. 그러나 돌아오지 않으면 70년 동안 바벨론의 포로가 될 것이다." 이것이 중심 내용이었다. 여기서 이스라엘이 멸망하기 직전에 예언의 말씀이 집중하고 있음을 알 수 있다. 그러므로 이 시대에 해당하는 본문을 읽을 때는 하나님이 지적하시는 죄가 무엇인가, 죄를 회개할 경우와 회개하지 않을 경우 하나님은 어떻게 그들을 다루시겠다고 예언하는가, 선지자들의 삶과 신앙, 타락한 백성에 대한 하나님의 마음 등을 생각하면서 읽는 것이 좋다.

바벨론 포로가 된 시기에 기록된 말씀은 에스겔과 다니엘 두 권이다. 이 책은 이미 멸망이라는 상황이 종료된 이후에 기록된 것이다. 배경도 이스라엘이 아니라 바벨론이다. 이 두 권의 책에서는 앞의 12권에서 만났던 하나님과는 다른 모습의 하나님을 만나게 된다. 하나님이 멸망당한 이스라엘의 회복을 말씀하고 계시기 때문이다. 물론 이사야 40장 이후에서도 회복의 말씀이 기록되어 있다. 징계하시는 하나님의 모습이 회복을 준비하시는 하나님으로 바뀌었다. 이 두 권의 책은 하나님이 준비하신 이스라엘의 회복 계획이 무엇인지, 그 회복이 궁극적으로 어떻게 메시아까지 이어지는지를 생각하면서 읽는 것이 좋다. 물론 그 회복이란 예수님 믿고 구원을 얻은 우리에게 일어날 회복을 포함해서 말씀하고 있는 것이다.

학개, 스가랴, 말라기는 포로 이후에 기록된 예언의 말씀이다. 바벨론에서 돌아와 성벽과 성전을 재건함으로써 예루살렘은 하나님의 말씀대로 회복하게 되었다. 예루살렘 정착 이후 시간이 흘러가자 백성은 회복에 대한 감사와 기쁨이 점차 사라지기 시작했다. 은혜를 잊어버리면서 영적으로 병들기 시작했다. 성전 재건하는 일도 고난 때문에 멈추어 버리고 말았다.

예배는 형식만 남아 있을 뿐 진정한 예배를 드리지 않았다. 예배의 타락은 곧 신앙의 타락을 의미한다. 그래서 하나님은 세 사람의 선지자를 통해서 예언의 말씀을 주신 것이다. 그러므로 이 세 권의 책은 하나님이 지적하시는 죄가 무엇인지, 장차 오실 메시아에 대하여 어떻게 설명하고 있는지를 생각하면서 읽으면 도움이 된다.

예수님의 활동과 말씀, 복음서

복음서는 예수님이 행하신 일과 말씀하신 내용을 기록하고 있다. 복음서에도 구약 역사서처럼 다양한 사건들이 기록되어 있다. 그러므로 사건의 내용과 그 사건에 등장하는 인물들, 그들의 행동과 그 행동이 초래한 결과가 무엇인지를 생각하면서 읽어 보라. 그리고 예수님은 그 사건에서 어떻게 행동하셨으며 예수님을 만난 사람들이 어떻게 변화되었는지를 생각하면서 본문을 읽어 보라.

예수님이 말씀하신 대상은 두 종류였다. 하나는 가까이에 있는 제자들이고 또 하나는 예수님을 찾아오는 대중이다. 그러므로 본문은 누구를 대상으로 하신 말씀인지를 생각하면서 읽는 것이 좋다. 특히 예수님이 전하시는 메시지의 핵심이 무엇인지를 주목하며 읽어 보라. 그러면 일관성 있게 구원에 초점을 맞추고 계신 예수님을 발견할 것이다. 그리고 복음서에서 예수님의 위기 탈출법과 고난 해법을 배울 수 있으며, 사람을 대하시는 주님의 태도를 배울 수 있다.

성령님의 구원 역사의 기록, 사도행전

사도행전은 성령님이 주인공이다. 예수님이 이루어 놓으신 구원을 성령님이 확장해 가시는 활동을 보여준다. 그러므로 사도행전은 성령님의 행동에 주목하면서 읽는 것이 좋다. 어떻게 핍박 속에서도 하나님 나라를 확장하시며, 등장인물들이 어떻게 쓰임을 받고 있는지를 생각하면서 읽어 보라.

사도행전에도 다양한 사건이 나온다. 이런 본문은 구약의 역사서나 복음서를 읽을 때와 같은 방법으로 읽으면 좋다. 사건과 등장인물들의 행동, 사건의 결과가 어떻게 되는지를 주목하면서 읽어 보라. 특히 성령님이 어떻게 구원 역사를 주도해 가시는지를 주목하면서 보라.

신앙과 삶에 대한 편지, 서신서

구약의 예언서만큼이나 신약의 서신서도 그 쓰인 배경을 알고 본문을 읽으면 묵상하는 데 많은 도움을 준다. 복음서와 사도행전을 제외한 22권의 서신 중에서 바울이 기록한 서신이 13권이고 기타 일반 서신이 9권이다. 먼저 바울 서신을 중심으로 그 배경을 살펴보자.

바울이 갈라디아 지방을 상대로 1차 전도여행을 다녀왔다. 그의 여행은 성공적이었으나 교리적으로 문제가 생겼다. 이방인들이 예수님을 믿고 구원을 얻는 것은 별 문제가 되지 않았다. 문제는 유대인이었다가 구원을 얻은 사람들, 일명 유대 크리스천들에게 있었다. 믿음으로 구원을 얻는다면 지금까지 지켜오던 율법은 어떻게 해야 하는가? 그들은 은혜와 율법에 대하여 큰 혼란이 있었다. 이런 소식을 들은 바울은 복음과 율법, 구원과 은혜에 관한 문제를 분명하게 정리해서 갈라디아 지방의 교회에 보냈다. 구원은 행위로 얻는 것이 아니라 믿음으로 얻는 것임을 분명하게 정리했다. 이 편지가 바로 갈라디아서다.

바울의 2차 전도여행은 길었다. 성령께서 계획을 수정하셔서 소아시아를 넘어 마게도냐 지방을 거쳐 고린도까지 내려갔다. 물론 그 여정에는 고난이 많았다. 육체적, 경제적, 영적으로 많은 고통이 있었다. 바울이 고린도에서 아굴라와 함께 지내고 있을 때 실라와 디모데가 데살로니가 교회의 소식을 가지고 고린도에 왔다. 그 교회의 성도들이 복음을 듣고 난 후 믿음이 올바르게 자라서 든든한 교회를 세워가고 있다는 소식을 들었다. 이에 기쁨이 충만한 바울은 펜을 들어 데살로니가 교회의 성도들에게 편지를 보냈다. 그들의 신앙과 삶을 칭찬해 주면서 그리스도인은 어떻게 생활해야 하는지에 대하여 자세하게 기록해 보내 주었다. 이것이 데살로니가전서다.

그 후 얼마의 시간이 지나서 그 교회가 종말 문제로 어려움을 겪고 있다는 소식을 들었다. 그래서 다시 예수님의 재림 문제로 교회가 더 이상 시험에 들지 않게 하기 위해 신학적으로 정리하여 보낸 편지가 데살로니가후서다.

바울의 3차 전도여행은 에베소 지방을 중심으로 이루어졌다. 에베소에서 2년 정도 말씀사역을 했다. 에베소에 머무는 동안 고린도 교회가 여러 가지 복잡한 문제로 시험에 들어 있다는 소식을 들었다. 특히 도덕적인 문제로 늘 시끄러웠다. 그래서 바울은 그들이 가지고 있는 문제를 하나씩 지적하면서 해법을 제시해 주었다. 이것이 고린도전서다.

그 후 바울이 마게도냐 지방을 여행하고 있을 때 고린도 교회에서 바울의 사도직에 대하여 이의를 제기하는 사람들이 있었다. 물론 거짓 교사들이 바울과 교인들 사이를 이간질했기 때문이다. 그래서 바울은 다시 펜을 들어 자신의 사도직을 변호하면서 두 번째 편지를 보냈다. 이것이 고린도후서다.

3차 여행의 종착지는 고린도였다. 바울이 고린도에 머무는 동안 로마 교회에 대한 소식이 왔다. 복음이 당시 로마 철학과 같은 학문의 수준으로 설명될 필요가 있었다. 그래서 바울은 신학적으로 체계 있게 복음을 정리했다. 모든 인간은 죄인이며 오직 예수 그리스도를 믿음으로 구원을 얻을 수 있고 구원 얻은 사람들은 거룩한 백성으로 살아가야 한다는 방대한 내용을 정리하여 보낸 편지가 로마서다.

바울의 4차 전도여행은 로마가 목적지였다. 예루살렘에서 체포된 바울은 비록 죄수의 몸이었지만 꿈에도 그리던 로마를 가게 되었다. 로마 감옥에 구금된 바울은 에베소 교회를 위하여 편지를 보냈다. 바울은 이 편지에서 교회에 대하여 성경적으로 정리해 주었다. 교회는 그리스도의 몸이요, 그리스도는 교회의 머리가 되시므로 교회는 연합해야 한다는 내용을 보낸 것이 바로 에베소서다.

다시 바울은 빌립보 교회를 위하여 편지를 썼다. 빌립보 교회는 바울의 최고 후원자였다. 바울이 투옥되었다는 소식을 들은 빌립보 교인들이 많은 염려를 하고 있다는 것을 알게 되었다. 그래서 바울은 자신의 상황을 알려 주고 염려하지 말 것과 고난 가운데에서도 기뻐하면서 살 것을 권면하며 편지를 보냈다. 이것이 기쁨의 서신이라고 불리는 빌립보서다.

바울은 또 골로새 교회를 위하여 편지를 썼다. 당시 골로새 교회는 이단들 때문에 어려움을 겪고 있었다. 신비주의나 금욕주의가 기승을 부리고 있었고 특히 예수 그리스도를 잘못 전하는 이단들이 있었다. 그래서 바울은 예수님은 완전한 인간이신 동시에 완전한 하나님이라는 내용을 기록하여 보냈다. 이것이 골로새서다.

마지막으로 바울은 빌레몬이라는 개인에게 편지를 보냈다. 빌레몬의 집에서 일하던 오네시모라는 종이 재산을 훔쳐 도망가다가 잡혀 투옥되었기 때문이었다. 아마도 바울과 감옥 동기가 된 듯하다. 바울을 통해 복음을 듣고 구원을 얻은 오네시모는 새 사람이 되었다. 그래서 바울은 빌레몬에게 오네시모를 용서해 줄 것을 당부하는 것은 물론이고 더 이상 노예로 받아들이지 말고 그리스도 안에서 형제로 받아 달라고 부탁했다. 이것은 당시 시대 상황으로 보면 도저히 불가능한 것이었다. 그러나 복음 안에서 모두가 형제라는 것을 가르쳐 주는 최고의 메시지였다. 이것이 빌레몬서다.

바울은 1차 투옥 이후 잠시 동안 가석방되었다. 이 기간 동안 자유롭게 전도활동을 하면서 두 권의 편지를 썼다. 첫째가 디모데전서다. 당시 디모데는 에베소 교회의 담임목사로서 목회를 하고 있었다. 바울은 디모데가 젊었기 때문에 실수할 수 있는 소지가 많다고 생각했다. 그래서 목회를 어떻게 해야 하는지 자세하게 가르쳐 준 것이 디모데전서다. 이 편지에서 바울은 목양을 어떻게 해야 하며 목회자가 갖추어야 할 인격에 대하여 언급하고 있다.

둘째는 디도서다. 디도는 그레데 교회에서 목회를 하고 있었다. 바울은 디모데에게 권면했던 것처럼 디도가 목회를 잘할 수 있도록 도움을 주어야 했다. 그래서 보낸 편지가 디도서다. 이 편지에서 바울은 교회 지도자들의 자격에 대하여 언급하고 있다. 그 후 바울은 다시 로마 감옥에 구금되었다. 이제 죽음이 그를 기다리고 있었다.

바울이 죽기 전에 마지막으로 보낸 편지가 디모데후서다. 그는 이 편지에서 자신의 인생을 정리했다. 그리고 디모데가 전도자로서 어떻게 충성스럽게 살아가야 하는지를 기록했다.

바울 서신 이외의 책들은 개인적인 서신들이다. 예수님의 친형제였던 야고보와 유다가 야고보서나 유다서를 기록했다. 베드로는 로마를 중심으로 사역하면서 두 권의 편지를 남겼다. 요한은 에베소에서 활동하면서 세 권의 짧은 편지를 기록했고 마지막으로 밧모 섬에서 유배되어 마지막 때에 대한 하나님의 계시를 환상으로 보고 요한계시록을 기록했다. 히브리서는 저자가 불분명하지만 예수님을 통한 구원을 구약의 제도를 비유하여 설명하고 있다.

서신서를 읽을 때 그 편지가 쓰인 배경을 알고 있는 것이 좋다. 그래서 지금까지 긴 설명을 한 것이다. 서신서들은 나름대로 구조를 가지고 있다. 대부분이 전반부는 교리적인 내용을 기록하고 있고 후반부는 삶에 대한 내용을 담고 있다. 그리고 편지를 받는 교회나 사람의 신앙과 삶에 대하여 어떻게 평가하고 있는가, 그들이 직면한 문제와 제시된 해법이 무엇인가, 교리적으로 또는 주제별로 정리해 주는 내용은 무엇인가와 같은 세 가지 질문을 염두에 두고 본문을 읽으면 깊은 묵상으로 들어가는 데 도움이 될 것이다.

하나님의 문자 메시지 내용

이제부터는 본문을 묵상하는 법에 대해 설명하고자 한다. 묵상이란 명상이 아니다. 명상은 마음을 비우는 것이라면 묵상은 하나님의 말씀을 우리 심령에 채우는 것이다. 마치 더러운 물이 담겨 있는 물통에 깨끗한 물을 계속 부으면 물통의 물이 깨끗한 물로 바뀌는 것과 같다. 묵상이란 하나님의 말씀을 우리 속에 채움으로써 우리 안에 담겨 있는 불순물들을 제거하는 작업이다. 묵상이란 본문에서 우리에게 말씀하고 계신 내용이 무엇인지 아는 것이요, 적용이란 그 말씀을 가지고 어떻게 살 것인지를 결정하는 것이다.

그러므로 말씀대로 살기 위해서는 말씀하시는 내용이 무엇인지 정확하게 아는 것이 중요하다. 이제부터 큐티를 할 때 본문 속에서 하나님이 주로 말씀하시는 내용이 무엇인지를 소개하려고 한다.

하나님과 우리의 관계는 부모님과의 관계와 비슷하다. 부모들이 자녀를 양육할 때 자녀에게 해 주는 말들이 무엇인지 그 내용을 생각해 보라. 당신이 자녀라면 부모님에게서 어떤 말씀을 많이 듣고 성장했는지를 생각해 보라. 아마도 하나님이 우리에게 하시는 말씀과 내용이 거의 비슷할 것이다.

부모가 자녀를 양육할 때 부모가 좋아하거나 싫어하는 것을 알려 줄 때가 있다. "엄마는 네가 그렇게 하는 것이 제일 싫어!", "엄마가 기뻐하는 일을 했구나", "너 그렇게 하면 엄마가 화내는 거 알지!" 지혜로운 자녀는 부모님의 성향을 잘 알아서 좋은 관계를 유지하도록 노력할 것이다. 하나님도 마찬가지다. 성경을 묵상하다 보면 하나님이 자신을 소개해 주시는 내용이 많다. 큐티가 주는 행복 중 하나가 바로 묵상을 통해서 하나님을 알고 만나는 것이다.

하나님을 아는 만큼 우리의 신앙은 성장할 수 있다. 하나님을 아는 만큼 그분의 능력을 누리면서 살 수 있다. 하나님을 알고 체험하는 것이 신앙의 힘이다. 성경에서 만난 하나님을 우리 삶의 현장에서 성경의 등장인물들처럼 체험하게 될 때 신앙은 성숙해진다. 신앙생활은 성경 속에서 알게 되고 만나게 된 하나님을 생활 속에서도 동일하게 체험하면서 하는 것이다.

창세기를 묵상하면서 만난 하나님은 말씀하신 대로 행하시는 분이었다. 하나님은 아담 부부에게 "선악을 알게 하는 나무를 먹는 날에는 정녕 죽으리라"(창 2:17)고 말씀하셨다. 그들이 선악과를 먹었을 때 하나님은 말씀하신 대로 그들을 에덴에서 내보내셨다.

내가 묵상을 하면서 성경말씀을 더 신뢰하고 붙잡을 수 있었던 것은 바로 말씀하신 대로 행하시는 하나님을 만났기 때문이다. 홍수를 통하여 인간을 심판하시는 하나님을 보면서 하나님은 인간을 사랑하시지만 죄에 대해서는 엄격하신 분임을 알게 되었다. 그것이 죄에 대한 나의 태도를 바르게 갖도록 해 주었다. 병에 걸렸을 때 의사와 약을 하나님보다 의존하던 나에게 하나님을 더 신뢰하는 변화가 있었다. 이스라엘이 홍해를 건너 마라에 이르렀을 때 하나님이 당신을 소개해 주신 내용이 있다.

"나는 너희를 치료하는 여호와임이니라"(출 15:26).

하나님은 우리를 치료하시는 의사다. 이 소개가 나에게 하나님의 치료하시는 능력을 더 신뢰하게 만들어 주는 능력의 말씀이 되었다. 하나님은 계획 없이 이스라엘을 출애굽시키지 않으셨다. 완전한 준비를 해 놓으시고 해방작전을 진행하셨다. 그들을 위하여 불기둥과 구름기둥을 준비하셨고 만나와 메추라기 그리고 곳곳에서 마실 물과 쉴 곳도 준비하셨다. 이런 하나님을 만나면서 하나님은 내 인생을 위해서도 필요한 것들을 완벽하게 준비해 놓으셨다는 확신을 갖게 되었다. 내가 그분의 능력과 인도하심에 대한 믿음만 가지고 있으면 나를 위해 준비해 놓으신 것들을 누리면서 인생을 살 수 있다고 확신했다. 지금까지 살아온 인생 여정을 돌아보면 하나님은 정말 필요한 것들을 그때마다 공급해 주셨다.

민수기를 묵상할 때는 나를 향한 하나님의 마음을 깨닫고 감동했다. 하나님이 나에 대하여 큰 관심을 갖고 계시다는 사실을 알았을 때 나는 행복할 수밖에 없었다.

"여호와는 네게 복을 주시고 너를 지키시기를 원

하며 여호와는 그 얼굴로 네게 비추사 은혜 베푸시기를 원하며 여호와는 그 얼굴을 네게로 향하여 드사 평강 주시기를 원하노라"(민 6:24-26).

고라 자손이 모세의 리더십에 도전했을 때 하나님이 그들을 징계하시는 장면을 묵상하면서(민 16:31-35) 하나님은 영적 질서를 중요하게 여기시는 분임을 알게 되었다. 여호수아가 모세의 뒤를 이어 지도자가 되었을 때 그를 찾아오셔서 위로와 격려를 주시는 하나님을 보면서(수 1:5-9) 나도 영적 리더로서 어떤 자세로 일해야 하는지를 알게 되었다. 하나님이 기대하시는 리더십은 말씀대로, 하나님을 신뢰하는 믿음으로 강하고 담대하게 사역해야 한다는 것을 알게 되었다. 사울 왕이 아말렉과의 전쟁에서 승리를 거두고 돌아오면서 제사용 짐승을 끌고 왔을 때 그의 불순종에 대하여 화내시는 하나님을 보면서(삼상 15:22-23) 순종이란 말씀대로 하는 것이며 하나님은 불순종에 대하여 예민하게 반응하신다는 사실을 알게 되었다.

이외에도 성경을 묵상하면서 만난 하나님을 설명하려면

며칠 밤을 새우며 간증해도 부족할 것이다. 묵상은 다양한 하나님의 성품과 마음을 경험하게 된다. 복음서에서는 예수님을 만날 수 있고 사도행전에서는 성령님을 만날 수 있다. 묵상하는 사람들은 하나님을 만나는 즐거움을 누릴 수 있다. 말씀 속에서의 그분과의 만남은 내 삶을 윤택하게 해 준다. 신앙생활을 잘하려면 하나님이 어떤 분인지 알아야 한다. 신앙생활은 자기중심으로 하는 것이 아니라 하나님 중심으로 하는 것이기 때문이다. 그러기 위해서는 지속적으로 말씀을 통해서 하나님을 만나야 한다. 본문을 읽고 난 후 하나님과 예수님 그리고 성령님이 어떤 분인지 찾아보라.

허물과 죄를 지적하시는 메시지

부모가 자녀를 양육하다 보면 잘못을 지적하고 수정을 요구할 때가 많다. 나이가 어릴수록, 사춘기를 보내는 아이일수록 이런 경우가 많다. 그때마다 잘못을 지적해 주지 않으면 그것이 나쁜 습관이 되어 아이가 바르게 자라는 데 문제가 될 것이다. 하나님도 말씀을 묵상할 때 우리의 허물을 보게 하신다. 우리가 병들지 않게 하기 위하여 죄를 지적해 주신다. 성경은 영혼의 거울과 같다. 그래서 말씀 앞에 서면 우리의 생각과 마음, 태도가 모두 드러난다. 그럴 때 하나님은 부드럽게 인격적으로 말씀하신다.

아담 부부를 보며 불순종하는 나를 보게 하셨고, 아브라함이 하나님께 묻지 않고 애굽으로 내려가는 모습을 보면서 내 마음대로 살려는 나의 어리석음을 보게 하셨다. 가데스 바네아에서 애굽으로 돌아가자고 떠드는 이스라엘의 모습에서 나의 불신앙을, 다윗이 밧세바를 범하는 장면을 보면서 내 안에 품고 있는 음욕을, 솔로몬이 우상숭배를 허용하는 것을 보면서 내 안에 하나님보다 더 의존하고 있는 것들이 있음을, 시편 119편 14절을 묵상할 때 하나님 말씀보다 돈을 더 좋아하고 있는 내 모습을, 예수님의 산상수훈을 묵상할 때 남을 비판하고 정죄하는 허물을 보게 하셨다(마 7:1-5). 간질병 환자를 고치지 못한 제자들의 모습을 통해서 기도가 부족한 나의 약점을 알게 하셨다(막 9:29).

묵상은 내 안의 불순물을 제거하는 역할을 해 준다. 병들고 나태해 있는 부분들을 진단해 준다. 직장 생활과 가정 생활, 인간관계와 돈 버는 방법, 자녀를 양육하는 방법, 봉사하는 일과 세상을 사는 방법 등 우리 삶의 모든 분야를 진단해 준다. 묵상은 지속적으로 우리의 신앙과 삶을 말씀으로 조율해 준다. 큐티는 우리 몸과 마음을 X-ray 검사대에 통과시키는 것과 같다. 그래서 매일 큐티하는 사람들은 영혼과 육체가 건강해질 수밖에 없다. 그러므로 본문을 읽고 난 후 자신이 회개할 것들이 무엇인지 찾아보라.

순종하기를 권면하시는 메시지

부모들이 자녀들을 양육하면서 순종을 요구할 때가 종종 있다. 부모들은 "학교에서 돌아오면 먼저 게임을 하지 말고 숙제부터 하거라", "밤 9시 이전에는 꼭 집으로 돌아와라", "텔레비전를 너무 오래 보지 말아라", "어떤 경우에도 거짓말하거나 남의 것을 훔쳐서는 안 된다", "주일날 예배는 절대로 빠지면 안 된다"라며 아이가 바르게 자라도록 명령할 때가 있다.

둘째아들은 세계에서 유일하게 목사 아빠인 나에게 큰소리를 치는 아이다. 항상 토요일에 성가대 연습이 있는데 시간이 다가오면 가지 않겠다고 떼를 쓴다. 이유는 재미가 없다는 것이다. 그래서 한번은 단호하게 "너 목사 될 거야 안 될 거야?"라고 물었다. 목사가 되면 성가대를 안 해도 되기 때문이었다. 그러자 "안 될 거야!"라고 아이가 대답했다. "그러면 너는 죽을 때까지 성가대를 해야 해. 아빠는 성가대 빠지는 것을 절대로 용납 못해." 아이는 아빠의 명령에 순종하여 성가대를 열심히 다녔다.

하나님도 우리에게 명령하시는 말씀이 있다. 자녀된 우리가 꼭 순종해 주길 원하는 말씀이 있다. 하나님과 우리의 관계는 순종의 관계다. 신앙생활이란 하나님의 말씀에 순종하면서 하는 것이다. 결혼을 하고 살면서 나는 아내에 대하여 이기적인 남편이었다. 주는 사랑보다는 받는 사랑을 기대하며 살았다. 그런데 하나님은 나에게 아내를 사랑하라고 명령하셨다(엡 5:25-28). 사랑을 해도 그냥 사랑하는 것이 아니라 예수님이 교회를 사랑하셔서 자기 몸을 주심같이 그리고 제 몸을 아끼듯이 사랑하라고 명령하셨다. 이때부터 아내에 대한 태도를 바꿀 수밖에 없었다. 아내를 사랑하는 것이 하나님의 뜻에 순종하는 것이었다.

첫아이를 키울 때 실수를 많이 했다. 내가 원하는 대로 자라게 하기 위하여 무리한 요구를 많이 했었다. 지금도 아들이 오래전 이야기를 할 때면 미안한 마음이 크다. 시행착오를 겪으면서 아버지 노릇을 하고 있을 때 "아비들아 너희 자녀를 노엽게 하지 말라"(엡 6:4)고 강력하게 명령하셨다. 아들을 상처 주면서 키우지 말라고 명령하신 것이다. 그때부터 상처 주지 않는 부모가 되기 위하여 조심해야 했다. 이것이 주님의 말씀에 순종하는 것이었다.

교회 일을 하면서 고민하고 염려할 때가 많았다. 일이 그르칠 것에 대한 염려, 성도들이 많이 참석하지 못할 것에 대한 염려 등 주님의 일을 하면서 걱정을 많이 했다. 목사라면 평신도들보다 더 나은 믿음을 가져야 하는데 그렇지 못했다. 그러니 거룩한 주님의 일을 하면서 기뻐하지 못하고 오히려 스트레스를 받으면서 살았다. 그런데 성령께서 빌립보서를 묵상할 때 아무것도 염려하지 말고 오히려 감사하면서 기도하라고 강력하게 명령하셨다(빌 4:6-7).

주님의 일은 믿음으로 하는 것이지 염려하면서 하는 것이 아니었다. 염려하지 말고 감사하며 기도하라는 말씀은 내 사역 스타일을 완전히 바꾸어 주었다. 명령대로 순종했더니 사역이 부담이 아니라 재미있는 일이었고 성도의 숫자에 자유하면서 일을 할 수 있었다. 하나님은 말씀하신 대로 평강을 주셨다. 말씀을 묵상할 때 오늘 자신이 순종해야 할 명령이 무엇인지 찾아보라. 그리고 그 말씀대로 하루를 살아 보라. 묵상을 바르게 하면 하나님이 기뻐하시는 인생을 살 수밖에 없다.

약속을 주시는 메시지

부모들은 자녀들을 기를 때 약속을 주는 경우가 많다. 그리고 아이들은 그 약속을 믿고 열심히 주어진 일을 한다. 약속은 아이들을 격려하는 데 큰 역할을 한다.

어느 해 1월 초에 둘째아이에게 잠언을 읽게 하고 싶었다. 그래서 약속을 주었다. 만약 잠언을 읽고 깨달은 점 10가지를 정리해서 써 오면 아이가 원하는 선물을 사 주겠다고 했다. 아이가 바라는 물건은 MP3 기능을 가지고 있는 전자사전이었다.

아이는 그 약속을 믿고 매일 열심히 잠언을 읽었다. 보름이 지나기도 전에 잠언을 다 읽고 소감을 써 왔다. 그가 써 놓은 소감은 아빠인 내 마음을 감동시켰다. 제대로 깨달을 것을 깨달았기 때문이다. 나는 약속대로 그가 원하는 전자 사전을 선물로 사 주었다.

하나님도 우리에게 주시는 약속이 많다. 성경은 다른 말로 약속의 책이라고 부른다. 하나님은 우리에게 무엇인가를 요구하거나 명령하실 때 약속을 주시는 경우가 대부분이기 때문이다. 하나님은 우리에게 주신 약속을 반드시 지키시는 분이다. 문제는 그 약속을 신뢰하는 우리의 믿음에 있다. 신앙생활은 하나님이 주신 약속을 믿고 그 약속이 자신의 삶에서 성취되는 것을 체험하면서 하는 것이다. 아브람에게 주셨던 약속을 기억해 보라.

"너를 축복하는 자에게는 내가 복을 내리고 너를 저주하는 자에게는 내가 저주하리니"(창 12:3).

하나님은 애굽의 바로가 사래를 범하려고 했을 때 바로와 그 집에 큰 재앙을 내리셨다(창 12:17). 하나님은 약속하신 대로 행하셨다. 아브라함에게 아들을 주겠다고 약속하신 하나님은(창 12:2) 이삭을 낳게 하심으로 그 약속을 지키셨다. 아브라함에게 400년 동안 애굽의 종살이를 하게 될 너의 후손들을 해방시켜 주겠다고 약속하신 하나님은(창 15:12-14) 모세를 통해서 그 약속을 성취하셨다. 창세기 3장 15절에서 십자가를 통하여 죄인을 구원해 줄 것이라고 약속하신 하나님은 수천 년이 지난 후 예수님을 통해서 그 약속을 성취하셨다. 다윗의 후손들에게 왕권을 이어가게 할 것이라고 약속하신 하나님은 약속대로 행하셨다.

한 권사님이 남편 구원을 위하여 15년을 기도했다. 그러나 남편에게는 아무런 변화가 일어나지 않았다. 기도를 하면 할수록 남편은 더 핍박을 했다. 그래서 어느 날 하나님께 남편 구원을 계획하지 않으신 것으로 알고 기도를 포기하겠다고 말했다. 그랬더니 하나님이 나도 포기하지 않고 기다리고 있는데 네가 포기하면 어떻게 하느냐고 야단을 치셨다고 한다. 이때부터 권사님은 "주 예수를 믿으라 그리하면 너와 네 집이 구원을 얻으리라"(행 16:31)는 약속을 붙잡고 기도했다. 몇 년 후 하나님은 약속대로 남편을 구원하셨고 그를 장로로 세워 젊을 때 하지 못한 충성을 다하며 살게 만드셨다.

나는 응답받는 기도가 참 많다. 그 이유는 믿음으로 기도하기 때문이기도 하고 약속을 믿고 간구하기 때문이기도 하다. 무엇이든지 믿고 구하면 받으리라는 약속(마 21:22)을 분명히 붙잡고 기도한다. 하나님은 믿음을 가지고 구하는 기도에 예민하게 반응하신다. 약속을 붙잡고 간구하는 기도를 잘 들어 주신다. 그래서 문제에 대해서 자유롭다. 하나님이 푸실 것을 확신하기 때문이다. 물질에 대해서도 자유롭다. 필요할 때 공급하실 것을 믿기 때문이다. 미래에 대해서도 특히 두 아이의 미래에 대해서도 자유롭다. 하나님이 책임지실 것을 신뢰하기 때문이다. 그래서 예수님을 믿고 사는 데 행복이 있다.

말씀 묵상을 통해서 하나님이 주시는 약속을 알라. 그리고 그 약속을 붙잡고 말씀하신 대로 순종해 보라. 더 나아가서 기도하고 기다려 보라. 하나님은 약속하신 대로 행하실 것이다. 신앙생활은 하나님이 주신 약속이 이루어지는 것을 체험하면서 하는 것이다.

위로와 회복을 주시는 메시지

자녀들은 부모로부터 칭찬과 격려를 받고 자라야 건전한 자아상을 가질 수 있다. 집 밖에서 어려움을 당하고 돌아온 아이에게 주는 부모의 따뜻한 격려는 자녀에게 가장 큰 힘이 된다. 둘째아이가 중학교 1학년이 되자마자 처음 치른 수학시험에서 아주 낮은 점수를 받았다. 그 대가로 학교에서 한 달 동안 체육을 못하는 벌칙을 받았다. 절망하고 돌아온 아이에게 나는 격려를 했다. "그럴 수도 있지. 이번에 우리 아들이 아주 좋은 경험을 했구나. 앞으로는 이런 일이 다시 없으면 돼. 괜찮아. 네가 좋아하는 체육을 못해서 속상하겠구나." 이 말이 본인에게는 격려가 되었음이 분명했다. 다음날 학교에서 돌아와 "아빠, 그럴 수도 있지?"라고 내 말을 되풀이하면서 용기를 얻은 것을 보았다. 그 후로 수학 점수도 높게 나왔다.

최근 아내와 함께 〈우리들의 행복한 시간〉이라는 영화를 보았다. 큰아이가 보고 난 후 강력 추천을 해서 보게 되었다. 여자 주인공이 15세 때 사촌 오빠에게 성폭행을 당하고 울면서 집으로 돌아왔다. 그런데 그녀의 엄마는 딸을 감싸

158 · 굿터 사랑

주고 위로해 주지 않고 오히려 야단을 치면서 창피하다고 했다. 그리고 자기 체면 때문에 절대로 이 일을 입 밖에 내지 말라고 윽박질렀다. 가장 힘든 사람이 본인인데 엄마는 그것을 헤아려 주지 않았다. 그때부터 딸은 엄마를 세상에서 가장 미워하고 저주하는 고통을 받으며 인생을 살아가야만 했다.

그러나 말씀 묵상을 통해서 내가 만난 하나님은 위로의 하나님이었다. 사탄은 정죄하고 비판하는 악한 영이었지만 성령님은 위로하고 격려하는 거룩한 영이었다. 하나님은 죄의 대가로 징계를 받은 백성임에도 불구하고 징계 후에는 그들을 찾아 위로를 주시는 분이었다.

아담 부부가 죄를 범하고 수치를 당할 때도 그들을 그냥 내버려 두지 않고 가죽 옷을 입혀 주셨다(창 3:21). 가인이 동생을 죽이고 징계를 받았을 때도 하나님은 그에게 긍휼을 베풀어 주셔서 아무도 그의 생명을 빼앗지 못하도록 보호해 주셨다(창 4:15). 잔머리 굴려서 형과 아버지를 속이고 장자의 축복을 가로채고 삼촌 집으로 도망가는 야곱, 하나님이 보실 때 얼마나 얄미웠을까? 그러나 하나님은 루스에서 환상을 통해 그를 만나 주시며 위로의 말씀을 주셨다.

"내가 너와 함께 있어 네가 어디로 가든지 너를 지
키며 너를 이끌어 이 땅으로 돌아오게 할지라"(창
28:15).

엘리야가 갈멜 산 전투를 마치고 절망의 나락에 앉아 있
었을 때도 하나님은 그를 찾아가셔서 긴 위로의 말씀을 주
셨다(왕상 19:5-18). 이스라엘이 우상숭배와 불순종으로 징계
를 받아 바벨론의 포로가 되었음에도 불구하고 하나님은
그들을 위하여 위로의 말씀을 주셨다. 징계의 말씀을 선포
한 만큼 회복의 말씀을 주셨다. 이사야 선지자는 40장부터
계속해서 백성을 위로하는 말씀을 선포했다.

하나님은 세상에서 지치고 죄를 짓고 사는 우리를 정죄하
기보다는 위로하고 격려하여 제자리를 찾게 하시는 분이
다. 하나님은 재기할 수 있는 기회를 주시는 분이다. 한 번
실수했다고 포기하는 분이 절대로 아니다. 특히 예수님은
우리가 경험하는 모든 시험과 고난을 경험하셨기 때문에

우리의 연약함을 더 잘 이해해 주시고 격려해 주신다(히 4:15). 사도 바울이 핍박을 받으면서 사역할 때마다 성령님은 그를 찾으셔서 위로의 말씀을 주셨다.

> "내가 너와 함께 있으매 아무 사람도 너를 대적하여 해롭게 할 자가 없을 것이니 이 성 중에 내 백성이 많음이라"(행 18:10).

하나님은 묵상을 통하여 내 안의 열등감을 치유해 주셨다. 나에게는 두 가지 열등감이 있었다. 첫째는 지금은 천국에 계신 내 아버지가 큰 교회 목사가 아니라는 것이 열등감이었다. 왜냐하면 사람들은 교회의 크기에 따라 능력을 평가하고 대우를 달리했기 때문이었다. 내 친구 아버지는 훨씬 큰 교회의 목사님이었다. 고등학생 때 나는 그 친구와 늘 함께 다니면서 열등감을 느꼈었다. 그는 늘 돈을 넉넉하게 썼기 때문이다. 나는 늘 대접을 받는 자리에 있어야만 했다. 작은 교회의 목사에겐 넉넉한 돈이 주어지지 않았기 때문이다.

또 한 가지 열등감은 내가 지방대학 출신이라는 것이었다. 대학교 1학년 때 서울에서 열린 모 선교단체의 수련회에 참석했다. 그때 함께했던 조원들은 나를 제외하고 소위 일류 대학의 학생들이었다. 그들과 닷새 동안 함께 보내면서 나는 열등감을 느끼기 시작했다. 작은 교회와 학력에 대한 열등감이 오랜 시간 내 마음 한 구석을 차지하고 있었다.

그런데 하나님은 말씀 묵상을 통하여 나를 회복시켜 주셨다. 나는 이사야 묵상을 통해서 바벨론의 포로가 되는 것이 당연할 정도로 형편없었던 이스라엘에 대한 하나님의 마음을 발견할 수 있었다. 버려도 되고 잊어버려도 될 불순종했던 백성들, 징계받는 고통이 당연하다고 여겨도 될 백성들에 대하여 하나님은 오히려 위로의 말씀을 주셨다.

> "내가 너희를 창조하고 조성했으며 내가 너희를
> 지명하여 불렀다. 내가 너희를 보배롭고 존귀하게
> 여기고 너희를 사랑한다"(사 43:1-4).

이것은 열등감을 가지고 있는 나에 대한 하나님의 마음이었다. 작은 교회의 목사 아들일지라도, 지방대학 출신일지라도 하나님께 나는 보배롭고 존귀한 존재라는 사실을 알게 되었다. 나보다도 형편없는 이스라엘을 그렇게 생각하고 계신 하나님이 하물며 나는 어떻게 생각하실까? 하나님 안에서 내 정체성을 발견하자 열등감은 사라지고 자존감을 회복할 수 있었다. 그리고 사회로부터 소외당하고 천시받고 있는 사람들을 대하시는 예수님의 태도를 보았다. 그것이 나를 대하시는 예수님의 태도였다. 그래서 나는 예수님께도 귀중한 존재라는 사실을 알게 되었다.

C국 선교사로 사역할 때 많은 핍박을 받았다. 5년 동안 예배 장소를 열일곱 번씩 옮겨 다녀야 하는 고통을 겪었다. 공안에게 끌려가 조사를 받는 일도 여러 차례 있었다. 늘 감시를 받으면서 살아야만 했다. 그럴 때마다 하나님은 어김없이 찾아와 위로의 말씀을 주셨다. 사도 바울을 찾아가셨던 성령님은 나에게도 찾아오셔서 동일하게 용기를 주셨다. 예배 장소를 옮길 때마다 하나님은 더 좋은 장소로 인도하셨고 홍보하지도 못했는데도 불구하고 더 많은 사람들을 찾아오게 하셨다.

그런 와중에도 나는 말씀 묵상을 쉬지 않았다. 매일 지속적으로 말씀을 통해서 하나님을 만났다. 그랬더니 성령님은 다양한 본문을 통해서 위로와 회복과 용기를 주는 말씀을 공급해 주셨다. 큐티가 있었기 때문에 핍박 속에서도 선교 사역을 제대로 감당할 수 있는 힘을 얻을 수 있었다. 말씀을 통해서 위로를 경험하는 것보다 큰 기쁨은 없다. 하나님의 사랑과 위로를 경험해야 다른 사람을 사랑하고 위로할 수 있다. 오늘도 묵상할 때 하나님이 주시는 위로의 말씀이 없는지 귀 기울여 보라.

모범을 보여 주시는 메시지

자녀들을 양육할 때 다른 사람과 비교하는 것은 자녀에게 상처를 주는 행위다. 비슷한 또래를 비교 대상으로 해 공부나 생활태도를 지적하면 십중팔구 반박과 함께 부정적인 반응을 보일 것이다. 그러나 좋은 의미로 누구를 닮았으면 좋겠다고 권고하거나, 그런 인물이 되었으면 좋겠다고 삶의 모델을 제시해 주는 경우는 교육적이고 도전을 주는 좋은 방법이 될 것이다.

나는 두 아이의 이름을 성령의 열매 중에서 선택했다. 큰 아들은 모세와 예수님을 닮고 살라는 의미로 온유라고 지었고 둘째아들은 선한 사람으로 살라는 의미로 양선이라고 지었다. 그리고 두 아이에게 영어 이름이 필요했기 때문에 큰아이는 다윗이라고 지었다. 다윗의 영성과 문학성, 음악성을 닮았으면 좋겠다는 마음에서였다. 작은 아이는 디모데라고 지었다. 둘째는 형에 비해서 고생하는 환경을 더 접하곤 했다. 우리 가족이 선교지에서 가장 고생할 때 둘째는 갓난아기였기 때문이다. 그래서 성경의 디모데처럼 구김살 없이 하나님의 은혜 아래서 자라나기를 바라는 마음에서 디모데라고 지었다.

하나님도 우리에게 본받았으면 좋겠다며 많은 인물을 제시해 주고 있다. 성경에는 많은 등장인물이 나온다. 그 인물들 중에는 좋은 쪽으로 본이 되는 인물이 있고, 나쁜 쪽으로 본이 되는 인물이 있다. 말씀을 묵상할 때 만나는 인물들은 하나님이 우리에게 제시해 주시는 모델들이다. 나는 개인적으로 다윗을 좋아한다.

사무엘서를 묵상하면서 다윗에게서 감동을 받고 본받기

를 원하는 것이 몇 가지 있었다. 먼저 골리앗 앞에 서서 기죽지 않고 하나님의 능력을 믿고 큰소리치는 다윗이다(삼상 17:41-47). 이때부터 나는 골리앗 같은 고난이 와도 기죽지 않고 오히려 큰소리치면서 살게 되었다. "고난아, 내가 믿음으로 너를 이겨 주마! 하나님의 능력으로 너를 이겨 주마!"라고 선포하면서 살고 있다.

둘째는 하나님의 뜻에 예민하게 반응하는 다윗의 영성이다. 다윗은 사울을 죽일 수 있는 기회가 몇 차례 있었다. 부하들은 하나님이 주신 기회라며 사울을 제거할 것을 요청했다. 정황상 다윗도 하나님이 주신 기회라고 착각할 수 있었다. 그런데 그는 사람의 의견이나 상황에 근거하여 하나님의 뜻을 판단하지 않고, 하나님의 말씀에 근거하여 상황을 파악했다. 주변 사람들이 사울을 제거하는 것이 하나님의 뜻이라고 말해도 다윗은 그것을 거부했다(삼상 24:1-7).

셋째는 죄에 대하여 민감하게 반응하는 다윗이다. 나단 선지자가 찾아와 밧세바를 범하고 그의 남편을 죽게 한 일에 대하여 지적했을 때 다윗은 즉시 자신의 죄를 인정하고 침상이 다 젖도록 눈물을 흘리면서 회개했다(시 51편).

넷째는 원수를 사랑할 줄 아는 다윗이다. 그는 사울이 죽었다는 소식을 들었을 때 기뻐하며 잔치를 벌이지 않았다. 오히려 슬피 울고 금식하며 사울의 죽음을 아파했다(삼하 1:17-27). 다윗이 사울 때문에 당한 고난의 세월을 생각해 보라. 어찌 그리 쉽게 용서할 수 있겠는가? 그런데 다윗은 진정으로 원수를 긍휼이 여기는 예수님과 같은 마음을 가진 사람이었다. 이때부터 원수 같은 사람을 대하는 나의 태도에도 많은 변화가 있었다.

엘리 제사장의 가족 이야기는 나에게 많은 도전을 주었다(삼상 2:12-17, 22-26). 그는 욥과는 대조적인 아버지였다. 자식들의 신앙교육을 잘못한 것이 결국은 자식들을 불행하게 만드는 결과를 초래했다.

엘리는 본받지 말아야 할 모델로 쓰임을 받았다. 나는 엘리 제사장을 보면서 가장으로서 어떻게 자녀교육을 해야 하는지에 대해 많은 생각과 준비를 해야 했다. 그래서 자녀들이 인생을 바르게 살 수 있도록 여섯 가지 인생 수칙을 만들어 주었다.

- 하나님을 존중하면서 살라.
- 성실과 정직에는 반드시 보상이 있다.
- 베풀며 사는 인생이 아름답다.
- 자신의 발전을 위하여 계속 노력하라.
- 인생을 즐기면서 살라.
- 미래는 준비되지 않은 사람에게 항상 가혹하다.

사도행전에 등장하는 고넬료는(행 10:1-8) 남성으로서 내가 본받아야 할 모델이 되었다. 경건한 삶과 가족의 생계를 책임질 수 있는 생업과 하나님 중심의 행복한 가정을 만들어 가는 데 좋은 가이드가 되어 주었다. 예수님이 귀신을 대하시는 태도를 보고 나도 귀신을 두려워하지 않고 꾸짖고 야단칠 줄 알게 되었다(막 9:25). 바울과 실라가 매를 맞고 감옥에 들어갔을 때 절망하지 않고 오히려 찬송하며 기도하는 모습을 보고(행 16:25), 나도 아무리 어려운 일을 만나도 두려워하거나 염려하는 대신 찬송하며 기도할 줄 알게 되었다.

지금까지 열거한 내용들은 하나님이 나에게 제시해 주신

모델의 극히 일부분일 뿐이다. 성령님은 묵상을 통해서 본받아야 할 사람들과 본받지 말아야 할 사람들을 계속 만나게 하셔서 나에게 될 사람이 되어가게 하셨다.

비전을 제시하시는 메시지

부모들은 자녀들의 미래에 대하여 관심이 많다. 그래서 어떤 사람이 되고 싶은지 종종 질문을 던져 본다. 아이들은 수없이 비전이 바뀌기 때문에 계속 질문하는 것이 필요하다. 나는 어릴 때부터 말한 대로 목사가 되었다. 그런데 두 아들은 말 바꾸기를 잘한다. 그들도 어린 시절에 분명히 아빠처럼 목사가 된다고 말했었다. 그러나 지금은 다른 인물이 되겠다고 고집한다. 이런 말을 들을 때 나는 속으로 생각한다. "너희가 언젠가 은혜를 체험해 봐라. 그러면 목사가 되겠다고 다시 말할 것이다." 나는 두 아이에게 다음과 같은 질문을 던진다. 어떤 사람으로서 살고 싶은가? 어떤 일을 하면서 살고 싶은가? 일보다 중요한 것이 사람이다. 온전한 사람이 되면 온전한 일을 할 수 있다.

하나님도 우리에게 기대하시는 것이 있다. 우리가 그분의 뜻을 헤아려서 해 주길 원하시는 일들이 있다. 이것을 비전이라고 부른다. 말씀 묵상을 깊이 하면 하나님의 마음을 발견하게 되는 동시에 말씀 속에서 그분을 위해 우리가 해야 할 일이 보인다. 그래서 묵상하는 사람은 하나님의 비전을 품게 된다. 성경에 등장한 인물들을 보면 하나님을 위하여 해야 할 역할들이 있었다. 노아는 방주를 만드는 역할을 했고 아브라함은 히브리 민족을 형성하는 역할을 했다. 요셉은 가족을 구원하는 역할을 했고 모세는 이스라엘을 구출하는 역할을 했다. 세례 요한은 예수님의 길을 평탄케 하는 역할을 했고, 예수님은 인간 구원을 위하여 희생당하는 역할을 하셨으며, 베드로와 요한은 예루살렘 교회를 세우는 역할을 했다. 사도 바울은 이방인을 구원하는 역할을 했다. 이렇듯 하나님의 구원 역사는 하나님과 같은 비전을 가진 사람들에 의하여 진행되고 성취되어 왔다.

그렇다면 오늘을 살고 있는 우리도 하나님을 위하여 해야 할 역할이 있다. 묵상은 그 역할이 무엇인지 깨닫게 해 준다. 성경 속의 인물들처럼 하나님을 위해서 해야 할 일이 무엇인지 알고 그 역할을 감당하면서 살 수 있다면 이보다 영광스

러운 일이 어디 있을까? 결국 우리도 하나님의 역사에서 한 역할을 감당해 주의 뜻을 성취하는 등장인물이 되어야 한다. 그러기 위해서는 묵상을 통해 하나님의 음성을 듣는 것이 중요하다. 말씀을 묵상하다가 비전을 품는 사람들이 실제로 많다. 하나님은 성경 속의 다양한 상황과 말씀을 통해서 우리가 해야 할 일이 무엇인지 계속 보여주신다.

말씀 묵상을 통한 하나님과의 만남

묵상에 필요한 성경의 배경

성경을 보면 몇 가지로 그 형식이 구별된다. 창세기부터 에스더까지는 이야기 중심으로 전개되어 있으며(역사서), 욥기부터 아가서까지는 지혜와 시로 구성되어 있다(시가서). 이사야부터 말라기까지는 하나님이 앞으로 하실 일에 대한 내용이 기록되어 있다(예언서).

마태복음부터 요한복음까지는 예수님이 하신 말씀과 행하신 일들을 기록하고 있으며(복음서), 사도행전은 성령께서 복음을 확장해 가시는 내용을 담고 있다(역사서). 로마서부터 요한계시록까지는 편지들로써 신앙과 삶에 대한 내용을 기술하고 있다(서신서).

묵상을 위하여 성경을 읽을 때 본문이 어떤 내용을 담고 있는지를 알아야 하나님의 음성을 더 깊게 들을 수 있다.

하나님의 문자 메시지 내용

묵상이란 명상이 아니다. 명상이 마음을 비우는 것이라면 묵상은 하나님의 말씀을 우리 심령에 채우는 것이다.

묵상이란 하나님의 말씀을 우리 속에 채움으로써 우리 안에 담겨 있는 불순물들을 제거하는 작업이다. 묵상이란 본문에서 우리에게 말씀하고 계신 내용이 무엇인지 아는 것이요, 적용이란 그 말씀을 가지고 어떻게 살 것인지를 결정하는 것이다.

그러므로 말씀대로 살기 위해서는 말씀하시는 내용이 무엇인지를 정확하게 아는 것이 중요하다.

06

순종함으로 성취되는 하나님의 계획

하나님은 모든 일을 철저하게 계획하시고 준비하신다.

그리고 계획하신 일을 감당할 사람을 선택하신다. 다음에는 선택한

사람이 무엇을 해야 하며 어떻게 살아야 하는지를 말씀해 주신다.

하나님은 다양한 통로를 통해서 말씀하신다.

큐티에서는 순종을 적용이라고 말한다. 하나님의 계획은 하
나님의 음성을 듣고 순종하는 사람들에 의해서 성취되었다.
그러나 하나님의 음성을 들었다고 해서 모두가 그 음성대로
순종하는 것은 아니다. 말씀 묵상을 통해서 하나님의 음성
을 듣고 자신의 삶에 적용하지 않으면 큐티는 아무 힘이 없
다. 순종, 곧 적용이 없는 사람들은 성경지식이 많고 말도
잘할 수 있을지는 몰라도 삶의 변화나 말씀의 능력은 전혀
경험할 수 없다. 큐티의 힘이 적용에서 나오기 때문이다.

큐티는 말씀대로 순종하는 것입니다

하나님의 계획은 하나님의 음성을 듣고
순종하는 사람들에 의해서 성취된다.

세 종류의 순종

지금까지의 내용을 정리해 보자. 하나님은 모든 일을 철저하게 계획하시고 준비하신다. 그리고 계획하신 일을 감당할 사람을 선택하신다. 다음에는 선택한 사람이 무엇을 해야 하며 어떻게 살아야 하는지 말씀해 주신다. 하나님은 다양한 통로를 통해서 말씀하신다. 그 통로 중에서 문자 메시지, 곧 성경을 통해서 말씀하길 가장 좋아하신다. 큐티란 바로 그 말씀을 가지고 하나님의 음성을 듣는 것이다. 이제

하나님이 일하시는 방법 네 번째 단계를 살펴보고자 한다.

큐티에서는 순종을 적용이라고 말한다. 하나님의 계획은 하나님의 음성을 듣고 순종하는 사람들에 의해서 성취되었다. 그러나 하나님의 음성을 들었다고 해서 모두가 그 음성대로 순종하는 것은 아니다. 말씀 묵상을 통해서 하나님의 음성을 듣고 자신의 삶에 적용하지 않으면 큐티는 아무 힘이 없다. 순종, 곧 적용이 없는 사람들은 성경지식이 많고 말도 잘할 수 있을지는 몰라도 삶의 변화나 말씀의 능력은 전혀 경험할 수 없다. 큐티의 힘이 적용에서 나오기 때문이다.

적용 없는 큐티는 큐티라고 할 수 없다. 당신의 큐티가 적용이 없다면 큐티하고 있다고 말하지 말라. 매일 큐티 잡지의 내용을 읽고만 있다면 큐티한다고 말하지 말라. 말씀 묵상을 통해서 하나님의 음성을 듣고 그 음성대로 순종, 곧 적용하는 것이 큐티다. 하나님의 음성을 듣는 것도 중요하지만 들은 대로 순종하는 것은 더 중요하다. 큐티의 영성은 곧 적용하는 영성이다.

사람들은 하나님의 음성을 듣고 다음과 같이 세 종류로 반응한다.

첫째, 듣고도 불순종한다. 말씀 묵상을 통해서 하나님의 음성을 들었지만 그 음성을 외면하는 사람이 있다. 아담 부부는 선악을 알게 하는 나무의 실과를 먹지 말라는 하나님의 음성을 분명히 들었다. 그러나 그들은 음성을 듣고도 불순종했다. 그 결과 자신들은 물론 모든 인간을 죄인으로 만들어 버렸다. 아간은 여리고가 정복될 때 어떤 물건도 개인적으로 취하지 말라는 음성을 들었다(수 6:17-19). 그러나 그는 아름다운 외투 한 벌과 은 200세겔과 50세겔 중의 금덩이 하나를 탐내어 숨겼다(수 7:21). 탐욕이 하나님의 음성을 잊어버리게 해 버렸다. 그 결과 거대한 여리고를 무너뜨린 여호수아 군대가 작은 아이 성과의 싸움에서 형편없이 패배하고 말았다.

솔로몬은 아버지 다윗을 통해서 모세의 율법에 기록된 대로 지키라는 하나님의 음성을 들었다(왕상 2:1-4). 그러나 솔로몬은 이방 여인들과 결혼했을 뿐 아니라 우상숭배까지 했다(왕상 11:1-8). 그 결과 이스라엘은 분단국가가 되고 말았다. 이스라엘 왕이 될 여로보암은 선지자 아히야를 통해서 하나님이 명한 모든 일에 순종할 것과 율례와 명령을 지키는 왕이 되어야 한다는 하나님의 음성을 들었다(왕상 11:37-38). 그러나 여로보암은 다윗과는 대조적으로 이스라엘 역사의 가장 사악한 왕이 되고 말았다.

남쪽 유다와 북쪽 이스라엘은 수많은 선지자들을 통해서 우상숭배와 교만과 불순종을 버리라는 하나님의 음성을 들었다. 그러나 그들은 듣고도 불순종했다. 그 결과 앗수르와 바벨론에게 멸망당하는 징계를 받고 말았다. 큐티하는 사람들이 가장 주의해야 할 것은 음성을 듣고 적용하지 않는 것이다. 그것은 곧 불순종하는 것이기 때문이다.

요즈음 이비인후과 병원에 귀가 커지는 희귀병 환자가 찾아와 치료를 호소하고 있다고 한다. 뚜렷한 원인이 밝혀지지 않는 상황에서 환자는 계속 늘어나고 있다는 것이다. 한 의사가 찾아오는 환자들을 상대로 설문조사하던 중 그들이 가지고 있는 한 가지 공통점을 발견했다. 귀가 커진 사람들은 한결같이 교회를 다니고 있었다는 것이다. 왜 이런 증세가 그들에게만 나타나는 것일까?

사람이 비만이 되는 이유는 간단하다. 먹은 만큼 움직이지 않기 때문이다. 먹는 음식의 양과 에너지를 소비하는 운

동량이 불균형일 때 배는 필연적으로 나올 수밖에 없다. 영적 원리도 비만과 동일하다. 말씀을 듣고 쓰고 읽는 것은 다 먹는 것이다. 먹은 말씀의 능력은 순종과 적용을 통해서 소비되어야 한다. 그러나 말씀을 듣기만 하고 순종하지 않을 때 그 힘이 귀에만 머물러 있으므로 귀는 계속 커질 수밖에 없는 것이다. 우리의 눈에는 보이지 않지만 하나님의 눈에는 기형적인 귀를 가진 이들이 다 보일 것이다. 지금 당신의 귀를 점검해 보라. 정상인가, 기형인가?

둘째, 자기 마음대로 순종한다. 하나님의 음성을 듣고 순종할 것인지, 불순종할 것인지를 자신이 선택하고 결정하는 사람이 있다. 자신의 이성으로 이해되는 것은 순종하고 납득되지 않는 것은 애써 외면하거나 적용하길 거부한다. 이런 사람은 큐티는 오랫동안 했지만 자신이 순종할 것만 적용하면서 산다. 이것을 한마디로 자기 마음대로의 순종이라고 한다.

사울 왕은 아말렉과 전쟁을 치르기 전에 선지자 사무엘을 통해서 하나님이 주시는 행동강령을 들었다. 사울은 여호와의 말씀대로 아말렉을 완전히 진멸시켰다. 그러나 그 땅의 살진 짐승을 버려두고 올 수 없었다. 그래서 하나님을 위한 제사용이라는 명목으로 품질 좋은 짐승을 끌고 왔다. 그는 순종할 것과 불순종할 것을 스스로 구분해 놓은 것이다. 그 결과 왕위가 폐위되는 징계를 받았다.

큐티하는 사람들이 주의해야 할 것 중의 하나가 순종 같은 불순종이다. 겉으로는 순종하는 것 같은데 속으로 들어가면 불순종하는 것이다. 90퍼센트는 순종하는데 10퍼센트는 불순종하는 것이다. 이것이 순종 같은 불순종이다. 사울이 순종한 것 같지만 사실은 불순종한 것이다. 순종이란 완전한 것뿐이다.

요나는 사울보다 한술 더 뜬다. 하나님이 니느웨로 가서 회개를 선포하라고 명령하셨다. 그런데 요나는 하나님의 명령에 동의할 수 없었다. 그는 자신의 민족을 가장 괴롭히는 니느웨 사람들을 구원하기 위한 하나님의 계획을 이해할 수 없었다. 순종할 것인지, 불순종할 것인지를 자신이 결정했다. 그래서 그는 하나님의 음성을 뒤로하고 다시스로 가기 위하여 욥바로 내려갔다. 그 결과 물고기 배속에서 죽었다 살아나면서 하나님이 계획하셨던 일을 결국 성취한다. 하나님은 당신이 계획하신 일은 우리의 순종을 통해서 성취하시지만 불순종할지라도 반드시 성취하신다. 그러므로 순종함으로써 은혜롭게 성취할 수도 있고 불순종하다가 고생하면서 성취할 수도 있다. 큐티하는 사람에게는 순종할 의무는 있어도 불순종할 선택권은 없다.

부자 청년이 예수님을 찾아왔다(마 19:16-22). 그는 영생에 대하여 관심이 많았다. 그는 계명을 열심히 지키는 사람이었다. 예수님은 그에게 부족한 것이 있음을 아셨다. 그래서 모든 소유를 팔아 가난한 사람들에게 나누어 주고 나를 좇으라고 말씀하셨다. 그러자 그 청년은 재물이 많았기 때문에 근심하면서 돌아갔다. 그는 예수님의 음성을 들었지만 그 말씀에 순종할 수 없었다. 어떻게 모은 재산을 다 포기한단 말인가? 그 청년도 순종의 여부를 자신이 결정했다.

한 자매님이 집회가 끝난 후 기도를 받기 위해 찾아왔다. 말씀을 듣는 중에 성령께서 계속해서 네가 먼저 화해하라고 말씀하셨다는 것이다. 자매님은 고개를 저으면서 자신을 잘못한 것 없다고 계속 거부했다. 집회가 끝난 후 마음이 불편해서 나에게 상담과 기도를 받고자 온 것이었다. 나는 이야기를 듣고 성령께서 시키는 대로 순종하라고 즉시 대답해 주었다.

그러자 그녀는 자신이 잘못한 것이 없는데 왜 먼저 화해를 요청해야 하느냐면서 벌컥 화를 냈다. 그녀의 말에 의하면 사업 파트너가 많은 부분을 잘못해서 일도 관계도 어그러졌다는 것이다. 그런 이유로 자존심이 상해서 절대로 먼저 화해를 요청할 수 없다는 것이었다. 만약 상대가 먼저 자신의 실수를 인정하면 용서해 줄 용의는 있다고 했다.

나는 그녀에게 성령님의 음성을 거부하고 어그러진 관계의 속박 속에서 사는 것과 자존심은 상하지만 순종해서 관계의 자유함 속에서 사는 것 중에서 선택하라고 권면한 후 기도해 주었다. 그녀는 마지막에 아멘도 하지 않고 자리를 떠났다. 그녀는 이해되지 않는 성령님의 음성을 거부하고 있었다.

다음 주 같은 집회가 끝나자 그 자매님이 다시 찾아왔다. 그녀는 미소를 짓고 있었다. 며칠 동안 성령님의 음성을 거부하다가 견딜 수 없어서 순종하기로 결정했다고 했다. 어렵게 먼저 입을 열어 화해를 요청했더니 파트너는 오히려 자신의 잘못을 더 인정하고 새롭게 살 것을 다짐했다는 것이다.

성령님은 항상 합력하여 선을 이루시기 위해 우리에게 무리한 요구를 하실 때가 있다. 결코 우리에게 손해를 보게 하시기 위하여 이해되지 않는 명령을 하시지 않는다. 이해하기 어렵고 순종하기 어려운 음성을 들었을지라도 일단 순종하기로 결단하고 적용해 보라. 그것이 곧 큐티의 영성이요, 경건의 힘이다.

예수님은 십자가에서 죽으시는 것 말고 인간을 구원할 수 있는 방법을 생각하시다가 결국은 하나님의 방법에 순종하셨다. 바울은 자기 계획을 포기하고 성령께서 지시하시는 대로 마게도냐 복음화를 위하여 빌립보로 건너갔다. 큐티하는 사람은 자신의 계획을 하나님께 맞추면서 산다. 자신의 이해나 경험의 틀에서 하나님을 믿고 하나님이 하시는 일을 이해하려고 하지 않는다. 자신의 틀을 넘어서서 하나님이 행하시는 일을 바라본다. 그래서 이해할 수 없어도 순종하면서 산다. 이것이 하나님 중심의 영성인 것이다.

셋째, 들은 대로 순종한다. 적용이란 하나님의 음성을 들은 대로 순종하는 것이다. 성경의 모든 기적은 믿음의 결과로 일어나고 성경의 모든 복은 순종의 결과로 주어진다. 노아는 방주를 지으라는 음성을 들었다. 그는 과연 홍수심판이 가능한가라는 의문을 가지고 있었지만 순종했다. 하나님이 말씀하신 대로 한 치의 오차도 없이 방주를 지었다. 그 결과 온 가족이 구원을 얻는 복을 누렸다.

아브라함은 이삭을 제물로 바치라는 상식적으로 말도 안 되는 하나님의 음성을 듣고도 순종했다. 그 결과 그의 믿음은 인정받게 되었고 믿음의 조상이 되는 영광을 누리게 되었다. 이사야 선지자는 3년 동안 벗은 몸과 벗은 발로 살라는 하나님의 음성을 들었다(사 20:1-6). 하나님은 애굽과 구스를 하나님보다 더 신뢰하는 백성들에게 그 두 나라가 멸망하는 과정을 통해서 영적 깨달음을 주고 싶으셨다. 이사야는 음성을 들은 대로 순종했다. 호세아 선지자는 자신을 버리고 다른 남자에게 가 버린 아내 고멜을 다시 부인으로 맞이하라는 하나님의 음성을 들었다(호 3:1-3). 하나님은 호세아의 순종을 통해서 영적으로 간음한 이스라엘을 포기하지 않고 계속 사랑하고 계심을 상징적으로 보여주고 싶으셨다. 그럴지라도 호세아는 순종하기 어려웠을 것이다. 그러나 그는 음성을 들은 대로 순종하여 하나님의 계획을 성취했다.

나면서부터 소경된 자는 실로암에 가서 눈을 씻으라는 예수님의 음성을 들었다(요 9:6-7). 그는 눈이 어두워 실로암까지 찾아가기도 어려웠지만 음성을 들은 대로 순종했다. 그 결과 눈을 뜨게 되었다. 평생 어부로 잔뼈가 굵은 베드로는 고기잡이 박사였다. 그런 그에게 대낮에 깊은 데로 가서 그물을 던지라는 예수님의 음성은 상식을 벗어나도 한참 벗어난 명령이었다. 그러나 베드로는 자기 경험과 지식을 포기하고 음성대로 순종했다. 그 결과 그물이 찢어지도록 고기를 잡았다(눅 5:1-7). 전도자 빌립은 유대 광야로 내려가라는 성령님의 음성을 들었다(행 8:26-39). 하나님은 이디오피아에서 온 국고 맡은 내시를 구원할 계획을 세워 놓으셨다. 빌립은 음성을 듣고 순종했다. 그 결과 하나님이 계획하신 구원이 이루어질 수 있었다.

다메섹에 살고 있던 아나니아는 직가에 있는 유다의 집으로 가서 악명 높은 사울을 만나 안수하여 눈을 뜨게 하고 세례를 주라는 성령님의 음성을 들었다(행 9:10-19). 그는 이미 사울이 어떤 인물인지 알고 있었기 때문에 순종하기가 어려웠다. 그러나 사울을 부르신 목적을 알고 난 후 즉시 순종했다. 고넬료는 욥바에 머물고 있는 베드로를 초청해 오라는 성령님의 음성을 들었다(행 10:1-8). 그는 이유를 몰랐지만 음성을 들은 대로 순종했다. 그 결과 성령님은 베드로에게 이방인들에게도 성령의 역사가 임하는 것을 보게 하셨다. 이것이 복음이 유대인을 넘어서서 이방인에게로 확장되어 가는 결정적인 계기가 되었다.

지금까지 보았듯이 하나님의 음성을 듣고 순종해야만 하나님의 계획은 성취된다. 말씀대로 적용을 해야만 하나님이 우리를 통해서 하고 싶으신 일들을 성취할 뿐 아니라 우리를 치료하고 고치시는 일들을 우리 안에서 일어나게 할 수 있다. 병원에서 진단과 처방만 해 주고 주사나 약을 주지 않는다면 아무런 치료가 될 수 없다. 말씀을 묵상만 하고 깨달은 것을 적용하지 않으면 아무 일도 일어나지 않는다. 하나님이 원하시는 사람이 되고 싶다면 적용에 충실해 보라.

자기 내면에 병들어 있는 부분들이 있다면 순종에 충실해 보라. 하나님은 보이지 않게, 그러나 파워 있게 우리를 만지시고 고치실 것이다. 이것이 적용, 곧 순종의 힘이다.

나는 순종의 진수를 한 마리의 사냥개에게서 배웠다. 언젠가 인천 지역에 있는 공장을 방문하여 공장 확장 기념 감사 예배를 드린 적이 있다. 그 공장은 사냥개를 위한 물건을 만드는 공장이었다. 그래서 마당에 훈련받고 있는 사냥개가 여러 마리 있었다. 모든 순서를 마친 후 개의 묘기를 보게 되었다. 개는 주인의 다양한 명령에 순종을 잘했다. 한마디로 시키는 대로 했다. 그런데 마지막 시범이 나에게 순종을 알게 했다. 조련사가 밥그릇에 사료를 부었다. 개들은 먹지 않고 바라보고만 있었다. 조련사의 먹으라는 명령이 떨어지자 개는 열심히 먹었다. 다시 먹지 말라는 명령을 주자 개는 고개를 들고 조련사만 바라보고 있었다. 입 안에 남은 찌꺼기를 씹지도 않았다. 두세 번 먹으라와 먹지 말라는 명령과 순종이 반복되었다.

나는 서울로 돌아오는 길에 순종을 생각했다. 주님이 내가 좋아하는 것을 먹고 있는데 그만 먹으라고 말씀하셨을 때 즉시 순종했는가? 내가 좋아하는 놀이를 하고 있는데 주님이 그만두라고 말씀하셨을 때 즉시 순종했는가? 보통 우리는 음성을 들었으면서도, 해서는 안 되는 줄 알면서도 즉시 순종하지 못하고 이 핑계 저 핑계를 대면서 계속 먹고 즐길 때가 많다. 입 안의 찌꺼기를 계속 씹어 가면서 더 먹기 위하여 주님께 따지거나 떼를 쓸 때가 많다. 순종이란 성경에서 말씀하신 대로 하는 것이다. 적용이란 하나님의 음성을 들은 대로 하는 것이다. 순종하기 어렵지만 순종하는 것이 적용이다.

적용이 가져다 준 행복

큐티를 통해서 하나님께서 나에게 말씀대로 순종하길 원하시는 세 가지 영역이 있었다.

첫째는 내 인생의 주도권을 내려놓게 하셨다. 목회자로서의 인생은 내 인생을 사는 것이 아니라 하나님이 제시하신 인생을 사는 것이다. 그런 줄도 모르고 내 인생이라고 생각하며 산 세월이 길었다. 성도들이 개업예배를 요청할 때마다 권면해 주던 말씀이 있었다. 그 말씀은 내가 큐티할 때 하나님이 주셨던 것이다.

"너의 길을 여호와께 맡기라 저를 의지하면 저가 이루시고 네 의를 빛 같이 나타내시며 네 공의를 정오의 빛같이 하시리로다"(시 37:5-6).
"너의 행사를 여호와께 맡기라 그리하면 너의 경영하는 것이 이루리라"(잠 16:3).

나는 그때까지만 해도 이 말씀들은 나에게 해당되는 것이 아니라 사업하는 교인들에게 필요한 말씀이라고 생각했다. 그런데 어느 날 개업예배를 마치고 집으로 돌아오던 길에 성령께서 문득 내게 말씀하셨다. "왜 너는 너의 인생을 나에게 맡기지 않으면서 남에게만 권면하고 있느냐?" 그때까지 나는 절대로 선교사가 되는 것과 교회를 개척하는 일을 안 할 것이라고 생각했다. 그리고 내가 세운 목회의 청사진을 고집하고 있었다.

그런데 주님이 바로 그 부분을 말씀하신 것이다. 내가 목사가 된 것은 주님이 나를 마음대로 쓰시겠다는 것을 전제로 한 일임을 알게 해 주셨다. 그때 나는 내 인생을 통째로 그분께 맡겼다. 주님이 주도하시는 대로 살겠다고 선언했다. 무엇을 먹을까, 무엇을 입을까, 무엇을 마실까 염려하지 않고 살겠다고 선언했다. 어디든 당신이 계획하신 대로 가라면 가겠다고 고백했다. 어느 교회, 어느 사역지, 어느 나라든 상관없이 인간적인 계산 없이 하나님의 뜻으로 확인만 되면 순종하겠다고 고백했다.

그때부터 내 인생은 달라졌다. 목사 안수를 받고 온누리교회로 인도하셨던 하나님은 다시 나를 C국 선교사로 보내셨다. 영국에서 안식년을 통해 많은 회복과 보상을 주시더니 한국으로 돌아와 남양주 온누리교회를 세워 가게 하셨다. 교회개척 사역이 완성되어 갈 때 하나님은 마지막 임지가 될지도 모를 호주 시드니 온누리교회를 향해 가게 하셨다.

하나님께 맡겨진 내 인생 여정, 하나님이 주도하신 내 사역의 여정을 돌아보면 아쉬움과 후회는 없다. 하나님이 나를 통해 이루신 일들뿐이다. 그래서 감사와 감격과 은혜가 더 크고, 주님의 뜻을 이루었다는 성취감으로 기쁨이 충만할 뿐이다. 내가 말씀대로 순종했더니 하나님도 말씀대로 내 인생을 책임져 주셨다.

둘째는 목회에 대한 주도권을 내려놓게 하셨다. 목사가 주님을 위해서 그리고 교회를 위해서 생각하고 진행하는 모든 일은 무조건 주님께 기쁨이 될 것이라고 생각했다. 교회와 주님을 위한 내 생각이 곧 하나님의 생각이라고 착각하기도 했다. 많은 시행착오를 거친 후 깨달은 것은 내 방법을 주님께 강요하고 있었다는 것이다. 한마디로 하나님이 원하시는 멋있는 교회를 만들어 가기 위하여 목회를 내가 주도하고 있었던 것이다. 하나님은 이것도 내려놓게 하셨다.

목회자들이 스트레스를 받을 정도로 신경을 쓰는 것이 교회 부흥이다. 출석 교인의 숫자는 매주 목회자의 숨통을 조이고 있다. 그래서 많은 목회자가 교회 부흥을 위하여 동분서주하며 다양한 프로그램과 사역들을 펼치면서 애를 쓰고 있다. 그런데 이런 상황에서 교회 부흥을 누가 주도하고 있는가를 생각해야 한다. 성령님이 주도하시는가, 목사가 주도하고 있는가? 하나님은 나에게 사도행전을 묵상할 때 분명히 말씀해 주셨다.

"주께서 구원받는 사람을 날마다 더하게 하시니라"(행 2:47).

교회 부흥은 성령님이 주도하신다고 말씀했다. 이때부터 숫자의 스트레스와 부흥의 강박관념에서 벗어날 수 있었다. 내가 할 수 있는 일은 주의 뜻을 헤아려 충성하는 것뿐이었다. 성령님의 지혜와 능력을 힘입어 성도들을 말씀으로 가르치고 예수님 때문에 행복하게 살게 해 주는 것이었다. 나는 종종 하나님 앞에서 항복한다. 아무것도 할 수 없다고 고백한다. 맡겨 주신 교회를 내 힘만으로 감당할 수 없다고 고백한다.

그러면서 성령님이 주도하실 것을 기도할 때마다 부탁을 드린다. 성령님은 목회자를 통해서 당신이 계획하신 교회를 만들어 가길 원하신다. 목회자가 꿈꾸는 교회를 만들어

가는 것이 목회가 아니라, 하나님이 원하시는 교회를 만들어 가는 것이 목회라는 사실을 알게 되었다. 그리고 이것은 성령님께 주도권을 드릴 때만 가능하다는 것을 깨닫게 되었다.

셋째는 자녀양육에 대한 주도권을 내려놓게 하셨다. 큰아이 온유가 초등학교를 졸업할 무렵까지는 아빠인 내가 계획했고 아이도 원하는 대로 자라 주는 것 같았다. 이때까지만 해도 나는 자식은 내 것이라는 생각을 가지고 양육했었다. 그래서 아이의 모든 것을 내가 주도했다. "너를 위해서"라는 표현으로, 그리고 그것이 사랑인 줄 알고 아이의 인생을 손에 쥐었었다. 그러나 아이는 내 생각과 다른 생각을 가졌고 내 기대와 다른 방향을 지향하기 시작했다. 내 방식을 강요하면 할수록 아이에게는 반감만 더해졌다.
  그것은 잘못된 길이요, 실패하는 방법이라고 윽박지르고 야단을 치는 날이 많아졌다. 아이 때문에 고민하고 마음 졸여야 하는 날들이 많아졌다. 당장이라도 아이가 수렁에 빠져 버릴 듯한 조바심과 노파심 때문에 불편한 마음을 가져야 했다. 아이와의 관계도 어색해지기 시작했다. 부모의 계획대로 움직여 주고 있는 다른 한국인 자녀들을 보면 상대적인 비교에서 오는 불안함을 더 느낄 수밖에 없었다.

이런 상황에서 시편을 묵상하고 있을 때 하나님은 나의 생각을 고칠 수밖에 없는 말씀을 주셨다.

"자식은 여호와의 주신 기업이요"(시 127:3).

나는 소유 개념으로 아이를 생각하고 있었는데 하나님은 나에게 맡기신 기업이라고 말씀하고 계셨다. 이때부터 아이에 대한 생각이 달라지기 시작했다. 내 것이 아니라 하나님이 잘 기르라고 맡기신 기업이라는 사실을 알고 나니 그동안 부모 노릇을 잘못했다는 생각이 들었다. 이때부터 아이는 내 것이 아니라는 생각을 가지고 양육하기 시작했다.

그 뒤 에베소서를 묵상하는 중에 하나님은 나에게 "또 아비들아 너희 자녀를 노엽게 하지 말고 오직 주의 교양과 훈계로 양육하라"(엡 6:4)는 말씀을 주셨다. 아버지로서 가장 중요한 것은 첫째, 자식들에게 상처를 주지 않아야 한다는 것이고 둘째, 아이와 좋은 관계를 갖는 것이었다. 잘못하는 일이나 실수하는 일이 있어도 관계는 좋게 유지하는 것이 중요했다. 더 이상 부담을 주거나 상처를 주는 언행을 삼가야 했다.

그 후 나는 아이들이 부족해도 격려하고 축복하는 일이 많아졌다. 그러면서 동시에 하나님 앞에서 아이들을 내려놓았다. "당신이 주신 자식들입니다. 당신이 계획하신 대로 자라갈 수 있도록 부모인 저에게 지혜와 인내를 주십시오"라고 간구했다. 자식에 대한 주도권을 완전히 성령님께 드렸다.

7년 동안 선교사 생활을 마치고 한국에 돌아왔을 때 가장 먼저 부딪힌 문제가 두 아들 온유와 양선의 학교였다. 한국 학교에 적응하려고 했지만 두 달도 못 되어 포기해야만 했다. 선택이 별로 없는 한국의 교육적 상황에서 두 아이를 어떻게 인도해야 할 것인지 부모로서 막막할 뿐이었다. 울면서 하나님의 인도하심을 구하는 기도를 매일 드릴 수밖에 없었다.

그러면서 한편으로는 아이들을 위해 하나님이 하실 일에

대하여 기대하는 것이 있었다. 내 인생과 사역을 주도하신 하나님이 아이들 인생도 주도하실 것이라는 확신이 있었다. 내 자식만이 아니라 하나님 당신의 자식도 되므로 문제를 알아서 해결해 달라고 배짱 있게 기도드렸다. 그 결과 성령님은 두 아이 문제를 정말로 해결해 주셨다. 우리 형편으로써는 도저히 감당할 수 없는, 그래서 생각하고 있지도 않았던 외국인학교에 들어가게 하셨다. 한순간에 아이들 문제를 해결하셨다.

이런 과정을 통해서 하나님의 마음을 알게 되었다. 하나님께 주도권을 드린 영역에 대해서는 철저하게 책임을 지신다는 사실을 알게 되었다. 그리고 두 아들이 가장 존경하는 인물이 아빠라고 서슴없이 말하는 것을 보면서 이것이 내려놓음의 복이라고 생각했다.

책임져 주시는 하나님의 은혜는 거기서 멈추지 않았다. 큰아이가 12학년이 되면서 미국으로 대학을 진학해야 하는 상황이 되었다. 왜냐하면 외국인학교 학생에게는 국내 대학을 진학할 수 있는 기회가 주어지지 않았기 때문이다. 그런데 나와 아내는 미국을 가 본 적도 없다. 미국 교육 시스

템에 대하여 아는 것이 없다. 미국 대학을 가기 위해 해야 할 준비가 무엇인지도 몰랐다. 그렇다고 학교가 도움을 주는 것도 없었다. 막막할 뿐이었다. 비싸다고만 들었던 학비를 감당할 여력도 없었다.

그래서 나는 늘 중얼거리듯 하나님께 외쳤다. "나는 아무것도 할 수 없습니다. 당신께 아들을 의탁했으니 대학 진학도 책임져 주실 줄로 믿습니다." 아내와 내가 할 수 있는 유일한 것은 기도밖에 없었다. 믿음으로 확신을 가지고 기도했다. 부모에게서 아이에 대한 기도는 다른 어떤 기도보다 간절하게 드려지는 법이다.

그런데 하나님은 행동하기 시작하셨다. 온유는 학교 축구 선수로 활동하고 있었다. 10학년 때까지는 한국인 코치가 지도했다. 그런데 11학년이 되면서 미국인 선생님이 새로운 코치로 부임했다. 하나님이 온유를 위하여 타이밍을 맞추어서 미국인 코치를 보내신 것이다. 그 코치는 1년 동안 팀을 지도하면서 아들의 실력과 잠재력을 보았다. 그래서 아들에게 관심을 가지고 더 훌륭한 선수가 될 수 있도록 훈련을 시키기 시작했다. 그렇다고 우리가 특별한 사례를 주는 것도 아니었다.

　그 선생님은 온유를 좋아했다. 그리고 좋은 친구가 되어 주었다. 아들이 12학년이 되자 미국인 코치는 직접 미국의 여러 대학을 접촉해서 아이가 특기생으로 진학할 수 있도록 적극적으로 노력해 주었다. 특히 장학금을 받아야 대학을 다닐 수 있다는 우리의 형편도 알고 있었다. 그래서 아버지가 선교사와 목사라는 것이 장학금을 받는 데 도움이 되는 대학들을 선택해서 소개해 주었다. 그리고 인터뷰하기 위하여 자신이 직접 아들을 데리고 미국으로 가 주었다. 하나님이 이미 아들을 위한 학교를 준비해 놓으셨다고 믿으니 기대와 기쁨만 충만할 뿐이다.

　출국 일주일 후 아들에게 전화가 왔다. 두 학교에서 장학금을 주기로 약속했다는 것이다. 무에서 기적을 창조하시는 하나님의 역사를 다시 한 번 경험할 수 있었다. 지금 미국에서 대학을 다니고 있는 아들을 생각하면 은혜가 느껴진다. 이것도 말씀대로 순종한 결과라고 믿는다.

하나님의 음성을 듣고 순종해야만 하나님의 계획은 성취된다. 말씀대로 적용을 해야만 하나님이 우리를 통해서 하고 싶으신 일들을 성취할 뿐 아니라 우리를 치료하고 고치시는 일들을 우리 안에서 일어나게 할 수 있다. 병원에서 진단과 처방만 해 주고 주사나 약을 주지 않는다면 아무런 치료가 될 수 없다. 말씀을 묵상만 하고 깨달은 것을 적용하지 않으면 아무 일도 일어나지 않는다. 하나님이 원하시는 사람이 되고 싶다면 적용에 충실해 보라.

세 종류의 순종

첫째, 듣고도 불순종

영적 원리도 비만과 동일하다. 말씀을 듣고 쓰고 읽는 것은 다 먹는 것이다. 먹은 말씀의 능력은 순종과 적용을 통해서 소비되어야 한다. 그러나 말씀을 듣기만 하고 순종하지 않을 때 그 힘이 귀에만 머물러 있으므로 귀는 계속 커질 수밖에 없다. 우리의 눈에는 보이지 않지만 하나님의 눈에는 기형적인 귀를 가진 이들이 다 보일 것이다. 지금 당신의 귀를 점검해 보라. 정상인가 기형인가?

둘째, 자기 마음대로의 순종

하나님의 음성을 듣고 순종할 것인지, 불순종할 것인지를 자신이 선택하고 결정하는 사람이 있다. 자신의 이성으로 이해되는 것은 순종하고 납득되지 않는 것은 애써 외면하거나 적용하길 거부한다. 이런 사람은 큐티는 오랫동안 했지만 자신이 순종할 것만 적용하면서 산다. 이것을 한마디로 자기 마음대로의 순종이라고 한다.

셋째, 들은 대로의 순종

하나님의 음성을 듣고 순종해야만 하나님의 계획은 성취된다. 말씀 대로 적용을 해야만 하나님이 우리를 통해서 하고 싶으신 일들을 성취할 뿐 아니라 우리를 치료하고 고치시는 일들을 우리 안에서 일어나게 할 수 있다. 병원에서 진단과 처방만 해 주고 주사나 약을 주지 않는다면 아무런 치료가 될 수 없다. 말씀을 묵상만 하고 깨달은 것을 적용하지 않으면 아무 일도 일어나지 않는다. 하나님이 원하시는 사람이 되고 싶다면 적용에 충실해 보라. 자기 내면에 병들어 있는 부분들이 있다면 순종에 충실해 보라.

큐티하는 사람이 누리는 행복

당신이 매일 큐티하는 사람이라면 하나님과 동행하고 있음을 느낄 것이다. 보이지 않는 하나님과 함께 사는 방법은 말씀과 함께 사는 것이다. 가끔 목사인 나와 차를 마시거나 식사를 하면서 기쁨을 감추지 못하는 사람들이 있다. 그들은 평소에 존경하던 목사를 만나는 기쁨이 있다고 말한다. 이것이 바로 큐티를 통해서 하나님을 만나는 기쁨과 같은 것이다. 우리는 말씀 속에서 만나는 하나님으로부터 인간의 근원적인 행복을 얻을 수 있다. 그래서 그분과 동행하는 삶보다 더 행복한 삶이 없다.

당신이 큐티하는 사람이라면 말씀대로 순종하면서 살고 있는 것이다. 그 결과 성경이 약속한 여러 가지의 복을 누리면서 살게 된다. 큐티만 잘해도 필요한 복을 얼마든지 받으면서 살 수 있다. 그래서 큐티하는 사람은 받은 것도 많고 간증할 것도 많다. 큐티 나눔방은 그 어느 소그룹 모임보다 은혜가 충만하다. 자신들이 생생하게 경험한 하나님이 행하신 일들을 나누기 때문이다.

당신이 큐티하는 사람이라면 매일 예배자로 살고 있는 것이다. 참된 예배자가 되는 것은 하나님이 가장 기뻐하시는 생활 방법이다. 당신의 삶의 자리가 어느 곳이든 상관없이 예배가 있다는 것은 하나님을 영화롭게 해 드리는 것이다. 이스라엘이 광야에서 예배를 드렸듯이 노아, 아브라함, 야곱 등의 성경 위인들이 돌로 단을 쌓고 예배를 드렸듯이 큐티하는 사람들은 삶 자체가 예배가 되는 것이다.

당신이 큐티하는 사람이라면 자신이 변화하고 있음을 깨달을 것이다. 큐티의 효과는 한약과 같다. 큐티하는 시간이 쌓이면서 어그러지고 모난 부분이 묵상을 통해서 자신도 모르게 말씀으로 다듬어진다. 잃어버렸던 하나님의 형상이 회복됨은 물론 성령의 열매가 맺어지면서 성령님의 성품을 회복하게 된다. 우리의 변화된 모습은 우리 자신이 잘 모른다. 오랜만에 만난 사람들의 눈을 통해서 이전의 내가 아닌 모습이 확인될 때가 많다.

당신이 큐티하는 사람이라면 생활의 질이 달라짐을 알게 될 것이다. 왜냐하면 하나님의 관점으로 세상을 보고 자신을 보기 때문이다. 큐티하는 사람은 하나님을 위해서 해야 할 일이 무엇인지 알기 때문에 인생의 목표가 분명하다. 허공을 치면서 인생을 살거나 헛된 일에 자신을 투자하지 않는다. 과거를 돌아보며 후회하면서 살지 않고 하나님이 자신을 통해 이루신 일에 감격하면서 산다. 그리고 새 일을 꿈꾸면서 오늘을 산다.

당신이 큐티하는 사람이라면 예수님 믿고 사는 것에 대해 행복을 느낄 것이다.

큐티 사영리

큐티 사영리에 대하여 들어 보셨습니까?

| 1원리 |

하나님은 당신이 하나님의 음성을 들으면서 승리하는 신앙생활을 하길 원하십니다.

하나님은 말씀하시는 분입니다.

> "내 백성아 들을지어다 내가 말하리라 이스라엘아 내
> 가 네게 증거하리라 나는 하나님 곧 네 하나님이로다"
> (시 50:7).
> "이스라엘 집이여 여호와께서 너희에게 이르시는 말씀
> 을 들을지어다"(렘 10:1).

하나님은 성경말씀을 통하여 우리가 그리스도인으로서 어떻게 살아야 하는지를 말씀하십니다. 그리고 하나님을 위하여 무엇을

해야 하는지도 말씀하십니다. 그러므로 신앙생활은 자기의 뜻과 계획을 따라서 하는 것이 아닙니다. 신앙생활은 성경말씀 속에서 하나님을 인격적으로 만날 뿐 아니라 그분의 음성을 들으면서 하는 것입니다. 그러면 어떻게 해야 하나님의 음성을 들을 수 있을까요?

| 2원리 |

당신이 하나님의 음성을 들으려면 매일 성경말씀을 묵상해야 합니다. 매일 말씀을 묵상하는 시간을 큐티(Quiet Time)라고 합니다.

> "내가 주의 법도를 묵상하며 주의 도에 주의하며 주의 율례를 즐거워하며 주의 말씀을 잊지 아니하리이다"(시 119:15-16).
> "내가 주의 법을 어찌 그리 사랑하는지요 내가 그것을 종일 묵상하나이다"(시 119:97).

큐티란 매일 조용한 시간에 성경을 묵상하고 기도하면서 하나님과 일대일로 교제하는 시간입니다. 당신이 매일 큐티를 통해서 하나님의 음성을 들으면 그분과 친밀한 관계를 맺을 수 있을 뿐 아니라 당신을 향하신 그분의 마음과 생각, 계획을 알게 될 것입니다. 그러면 어떻게 해야 말씀 묵상을 잘할 수 있을까요?

| 3원리 |

당신이 묵상을 잘하려면 하나님이 말씀하시는 내용이 무엇인지 알아야 합니다.

묵상은 하나님이 나에게 말씀하시는 내용을 깨닫는 것입니다.

> "여호와여 주의 도를 내게 보이시고 주의 길을 내게 가르치소서"(시 25:4).
> "여호와여 주의 율례의 도를 내게 가르치소서 내가 끝까지 지키리이다 나로 깨닫게 하소서 내가 주의 법을 준행하며 전심으로 지키리이다"(시 119:33-34).

말씀 묵상을 잘하기 위해서는 먼저, 성령의 깨닫게 하심을 구하는 기도를 드리고 정해진 본문을 2-5회 정도 읽습니다. 그 다음 읽은 본문 속에서 "하나님은 어떤 분인가? 내 허물을 지적해 주시는 내용, 순종하라는 말씀, 붙잡으라고 주시는 약속, 모델로 보여주시는 인물, 내게 주시는 위로와 계획이나 비전, 은혜로 주시는 말씀, 새롭게 깨닫게 해 주시는 말씀" 등을 살펴봅니다. 당신이 말씀을 묵상하면서도 승리하는 생활을 하지 못하는 이유는 무엇일까요?

| 4원리 |

당신이 승리하는 생활을 하지 못하는 이유는 묵상한 말씀을 적용하지 않기 때문입니다.

적용이란 하나님이 말씀하신 대로 순종하는 것을 말합니다.

"너희는 도를 행하는 자가 되고 듣기만 하여 자신을 속이는 자가 되지 말라"(약 1:22).

"이 예언의 말씀을 읽는 자와 듣는 자들과 그 가운데 기록한 것을 지키는 자들이 복이 있나니 때가 가까움이라"(계 1:3).

성경의 모든 기적은 말씀대로 순종한 결과로 일어났습니다. 그리고 성경에 약속된 모든 복은 순종의 결과로 성취되었습니다. 그러므로 하나님의 음성을 듣고 적용을 해야만 그분의 능력을 체험할 수 있는 믿음이 생기며, 하나님이 내 신앙과 인격, 그리고 상처와 아픔을 만지시고 회복시켜 주시므로 승리하는 그리스도인으로 살아갈 수 있습니다.

큐티가 주는 유익

　당신이 매일 큐티 생활을 잘하면 어떤 유익이 있을까요?

　매일 말씀을 통한 하나님과의 교제는 당신을 성령충만한 생활로 인도해 줍니다. 당신이 매일 말씀을 묵상하고 적용하면,

　첫째, 날마다 하나님을 예배하는 생활을 하게 됩니다.

　둘째, 하나님 중심으로 살게 됩니다.

　셋째, 성령의 치유와 회복을 경험하게 됩니다.

　넷째, 영적 전쟁에서 승리할 수 있는 지혜와 능력을 얻습니다.

　다섯째, 성경에서 약속된 복을 누리면서 살게 됩니다.

　여섯째, 하나님이 기뻐하시는 생활은 물론 하나님의 뜻을 이루며 인생을 살 수 있습니다.

　당신이 하나님의 음성을 들으면서 살길 원한다면 지금 결단하십시오.

큐티 결단

"사랑하는 주님, 오늘까지 주님과 친밀한 교제 없이 나 중심으로 신앙생활을 해 왔음을 고백합니다. 이제부터 말씀 묵상을 통하여 하나님의 음성을 듣고 주님과 동행하며 살아가길 원합니다. 큐티를 통하여 주님의 뜻을 분별하며 하나님을 기쁘시게 하는 생활을 하길 원합니다. 예수님의 이름으로 기도합니다. 아멘."

_____년 ____월 ____일

이름 : _____